Boshlang'ich sinflarda so'z turkumlarini o'rgatishda smart ta'lim texnologiyalari

Ergasheva Mehriniso

© Taemeer Publications LLC
Boshlang'ich sinflarda so'z turkumlarini o'rgatishda smart ta'lim texnologiyalari
by: Ergasheva Mehriniso
Edition: September '2023
Publisher:
Taemeer Publications LLC (Michigan, USA / Hyderabad, India)

ISBN 978-93-5872-533-9

© Taemeer Publications

Book   : Boshlang'ich sinflarda so'z turkumlarini o'rgatishda smart ta'lim texnologiyalari
Author   : Ergasheva Mehriniso
Publisher   : Taemeer Publications
Year   : '2023
Pages   : 146
Title Design : *Taemeer Web Design*

KIRISH

Mustaqillik xalqimizga o'z yurtida qadr-qimmatni, bo'y-bastini, o'z madaniyati va an'analarini, din-u e'tiqodini, tili va madaniyatini qayta tiklab olishga, milliy g'urur va milliy tafakkur Vatanga muhabbat tuyg'ularini kamol toptirishga zamin tug'dirdi. "Biz uchun mustaqillik – Allohning o'z yurtimizga in'om etgan tabiiy boyliklarga egalik qilish, xalqimiz qudrati, salohiyati, aqlu zakovatiga tayanib, O'zbekistonda yashayotgan har bir inson, har bir oila uchun munosib hayot qurish, kelajak avlodlar uchun ozod va obod vatan qoldirishdir.

Biz uchun istiqlol- millatimiz, mamlakatimizning jahonda obro'-e'tibori, shon-shavkatini ko'taradigan sog'lom avlodni, har jihatdan barkamol va fidoyi o'g'il-qizlarni tarbiyalash, ularni voyaga yetkazish va baxtini ko'rishdir. Har bir fuqaromiz uchun –millati, irqi, va diniy e'tiqodidan qat'i nazar –erkinlik, tenglik, birodarlik, munosib sharoit yaratib berishdir.

Biz uchun istiqlol–davlatchiligimizni mustahkamlash, buyuk kelajagimizning poydevorini qurish, milliy ongimiz va faxrimizni yuksaltirish, jahon hamjamiyatida munosib oʻrnimizni egallashdir."[1]

Hozirgi kunda yosh avlodni bilimli, aqlli, har taraflama barkamol qilib tarbiyalash bugungi kunning asosiy vazifalaridan hisoblanadi. Prezidentimiz Shavkat Mirziyoyev 2022-yil 28-yanvar kuni maktab taʻlimini rivojlantirish masalalari yuzasidan videoselektor yigʻilishida taʻkidlab oʻtganidek: "Taʻlim-tarbiya — kelajak, hayot-mamot masalasi. Shu bois, bu sohadagi islohotlarni kechiktirishga haqqimiz yoʻq. Qanchalik murakkab boʻlmasin, maktab taʻlimida poydevorni bugundan mustahkam qoʻyishimiz kerak".

Haqiqatdan ham, ertangi kunimizning qanday bo`lishi, mamlakatimiz taqdiri o`sib kelayotgan yosh avlodning qanday taʻlim-tarbiya olishiga bog`liq. Bunda bizdek bo`lajak boshlang`ich sinf

---
[1] Sh.M.Mirziyoyev. Insonparvarlik, ezgulik va bunyodkorlik-milliy g'oyamizning poydevoridir. – Toshkent: Tasvir, 2022. – B. .

o`qituvchilarining o`rni ahamiyatli. Chunki, yosh avlod boshlang`ich sinf davridanoq, o`z bilimi, tarbiyasi poydevorini qurib boradi. Boshlang`ich sinf o`qituvchilari bolalarga ha rbir fanni yaxshi o`zlashtirishi, o`z qiziqishlaridan kelib chiqib, kelajakda foydasi tegadigandek inson bo`lib yetishishida sababchi bo`ladi. Boshlang`ich sinflarda har bir fanning o`z ahamiyati, o`z o`rni bor. Shular qatori boshlang`ich sinf o`quvchilari uchun o`tiladigan ona tili va o`qish savodxonligi fanini o`qitishda asosiy vazifalardan biri sifatida o`quvchilarni mustaqil fikrlashga, boshqalarning fikrlashini anglab yetishga, o`z fikrini yoddan va yozish orqali savodli bayon etish ko`nikmlalarini hosil qilish, grammatikaga tegishli bilimlarini shakllantirish, ona tilining keng imkoniyatlaridan unumli foydalanish, to`g`ri va aniq, ayniqsa, o`z tilda toza gapirishga o`rgatish va uning ahamiyatini tushintirish kabilar kiradi. O`quvchilarga grammatikani o`rgatishda, avvalo, ularda so`z turkumlari tushunchasini shakllantirish kerak va bu bo`yicha zarur bilimlarni bosqichma-bosqich berib borish zarur.

Smart texnologiyalar - hozirgi davrda norasmiy fan sifatida ma'lum bolgan, biroq kun sayin butun jahon soha mutaxassislarining e'tiboriga tushib, jadal rivojlanib borayotgan bilimlar tizimidir.

Zamonaviy insonning kundalik hamrohiga aylanib borayotgan axborot texnologiyalarining jadal rivojlanishi natijasida smart ta'lim asta-sekin an'anaviy elektron ta'lim bilan o'rin almashmoqda. Smart ta'lim konseptsiyasi hozirda bir qator tushunchalar bilan bog'liq bo'lib, ularning ko'pchiligida bir xil talqin qilinmaydi. Smart ta'lim mavzusidagi nashrlar bir necha yil oldin paydo bo'lgan va ular ta'lim rivojlanishining asosiy tendentsiyalarini qayd etib, tizimidagi keyingi o'zgarishlar uchun futurologik prognozlarni yaratadi . Smart ta'limning tashkiliy, texnologik va pedagogik kabi uchta muhim jihati mavjud bo'lib, ular "aqilli" ta'limning ajralmas qismi hisoblanadi. Smart ta'lim ko'p miqdordagi manbalar, multimedianing (audio, video, grafik) maksimal xilma-xilligini, tinglovchilarning talab va ehtiyojlariga tez va oson moslashish imkoniyatini nazarda tutadi. Bu mutlaqo yangi ta'lim muhiti bo'lib, unda ta'lim faoliyati Internetda umumiy standartlar, texnologiyalar va ta'lim muassasalari tarmog'i o'rtasida tuzilgan shartnomalar asosida olib boriladi va umumiy tarkibdan foydalaniladi. Bu turdagi ta'limning o'ziga xos xususiyati - yashash joyidan va moliyaviy ahvolidan qat'i nazar, aholining barcha qatlamlari uchun qulaylik, ya'ni "hamma joyda" ta'lim olish imkoniyatidir. Z.K.Bekturova va N. N. Vagapovalarning fikriga ko'ra smart ta'lim muhitini yaratish uchun bir qator muhim omillar zarur hisoblanadi. Ular jumlasiga: yangi bilim va texnologiyalardan foydalangan holda innovatsion usullar orqali o'rganish; texnologiyalarning yaqinlashuvi, ta'lim sharoitlarini optimallashtirish; individual o'quv maqsadlariga, mavjud bilim va ko'nikmalarga, ijtimoiy muhitga avtomatik moslashish kabilar kiradi . O'quvchilar uchun smart-muhit har bir o'quvchi uchun individual ta'lim muhiti, amaliy yo'nalish, bilim, ko'nikma va malakalarni rivojlantirishda mustaqillik - ijtimoiy muhitga muvaffaqiyatli moslashishga imkon beruvchi barcha omillar; uzluksiz ta'limning smart, fanlararo, talabalarga yo'naltirilgan ta'lim tizimlari (maktab, oliy o'quv yurti, korporativ o'qitish); moslashtirilgan o'quv dasturlari, portfolio; hamkorlikda o'qitish texnologiyalari; ko'p miqdordagi odatiy funktsiyalarni avtomatlashtirish; amaliyotchilarni o'quv jarayoniga jalb qilish kabilar orqali ifodalanishi mumkin. SMART - (aqlli, aql-idrokli, texnologik) qisqartma so'zini dastlab 1954-yili Avstriyadan chiqqan amerikalik olim, iqtisodchi, publitsist, pedagog, XX asr menejment nazariyachilaridan biri Piter Ferdinand Druker (19.11.1909- 11.11.2005 y.y.) kiritgan. So'ngra 1965-yili Paul J Meyer, 1981-yilda esa George T. Doran o'z ilmiy ishlarida qo'llaganlar. SMART - menejment va loyihaviy boshqaruvda maqsadni aniqlash va masalalarni qo'yish uchun foydalaniladigan mnemonik abbreviaturadir. SMART quyidagi so'zlarning bosh harflaridan tashkil topgan: SMART so'zini tashkil etuvchi harflar va ul arning ma'nol arini ko'rib chiqaylik.

S - specific — aniq. Maqsad maksimal darajada aniq bo'lishi va siz hamda atrofdagilar tomonidan bir xil tushunilishi lozim. SMART texnologiyasi bo'yicha u: Bevosita nima qilinishi kerak? Qachon? Qanday miqdoriy ko'rsatgichlarda? kabi savollarga javob berishni ko'zda tutadi.

M - measurable — o'lchovli. Siz va maqsadga erishishni topshirgan kishilar, maqsad erishilganligi aniq bo'ladigan mezonlarni tushunishlari kerak. SMART texnologiyasi shaxsni, u erishiladigan natijalarda o'zining foydasini ko'radigan darajada motivatsiya qiladi.

A — achievable, ambitious, agresive, attractive — erishiladigan, ehtirosli, tajovuzkor, jozibador. Achievable - erishiladigan. Texnologiyaning bunday mezoni ko'proq yollangan (taklif etilgan, jalb etilgan mutaxassis) xodimlarga to'g'ri keladi. Mutaxassislarga maqsadni uzatadi, lekin ularning harakatlari egallagan lavozimlari doirasida chegaralangan. Ambitious — ehtirosli. SMART texnologiyaning ushbu talqin qilinishi tashkilotning TOP menejer (ish egasi, yaratuvchisi va mafkuraviy rahbar yoki yollangan menejeri - yollangan malakali boshqaruvchi)lari uchundir. Ular avvalgidek egasining ixtiyori bilan chegaralangan bo'lsalar-da, lekin endi loyiha doirasida fikrlaydilar. Shuning uchun, ularning maqsadlari katta murakablikka egadir, lekin har qalay bu maqsad texnologiya doirasida erishiladigandir. Aggressive - tajovuzkor. SMART texnologiyasi bo'yicha maqsadga erishilganlikni baholash mezoni tadbirkorlar uchundir. Maqsad, atrofdigilarning fikri bo'yicha sog'lom ma'no doirasidan chiqib ketganda, egasi natijaga erishish uchun barcha harakatlarni amalga oshiradi. Attractive - jozibador. Yakuniy natija nafaqat egasiga, balki maqsadlarga erishish uchun topshirilgan barcha shaxs(mutaxassis va xodim)larga ham erishish istiqbollarini qamrab olishi kerak. SMART texnologiyasi rahbar yordamchilari tomonidan ham xodimlarni boshqarish va ularga vazifalar qo'yilishida ham ishlatiladi. Shu sababali ular maqsadga erishishga shaxsan qiziqishlari uchun yakuniy natijani xodimlarning motivatsiyasiga bog'lash kerak.

R - relevant, resours - muvofiq, resurs. Relevant - muvofiq, ushbu vaziyatga mos. Demak tanlagan maqsad, ushbu vaziyatga mos bo'lishi lozim. U Sizning vazifangiz qo'shilib ketmasligi va boshqa maqsadlar hamda ustivorliklarning muvozanatiga xalaqit qilmasligi lozim.

T Tinie framed - Vaqt bo'yicha aniqlangan qo'yilgan maqsadga qachon va qaysi vaqtga erishilishi zarur? Yuqoridagilardan ko'rinib turibdiki, SMART texnologiyasining ushbu toifasi (mezoni) ham shaxsni boshqarish bilan aloqador. SMART texnologiyasi hozirda sizda mavjud bo'lgan resurslar (shaxs, mablag', vaqt)ni haqqoniy baholashga imkoniyat beradi. Ta'limdagi xususiy xatolardan biri - bir kishiga turli yo'nalishdagi masalalarni topshirish, ya'ni turli mutaxassislar jamoasi o'rniga barcha yo'nalishlardagi ishlarni bir kishi olib borishidir. SMART texnologiya ixtiyoriy vaqt bo'yicha maqsadni chegaralash sharti bilan qo'yiladi. Siz maqsadni bajarilish vaqtini aniq qo'yishingiz yoki aniq bir davrga bog'lashingiz mumkin. Shuni yodda tutish lozimki: Muddatsiz maqsad bajarilmaydi !!! Smart maqsadlarni qo'yishda inson ularni qimmatliligini, ahamiyatliligini va zarurligini sezishi lozim. Smart maqsadlarni to'g'ri qo'yish texnologiyasi qo'yilgan maqsadlarni dolzarbligini, unga erishish usullarini, erishilgan natijalarni o'lchash mumkinligini va aniqlilikni hisobga olishni talab etadi. Ahamiyatli maqsadni qo'yishda Qo'yilgan maqsadni yechish maqsadga erishishda qanday foyda keltiradi ? degan savol yordam beradi. Smart - texnologiyada maqsad mezonlariga qo'yiladigan savollar quyidagi jadvalda keltirilgan. Maqsadalarni qo'yishning smart - texnologiyasini quyidagicha ifodalash mumkin:

S - specific — aniq: har bir maqsad uchun, uning aniq ifodasi shunday tavsiflanishi kerakki, u hammaga aniq va tushunarli tarqalsin, ya'ni ovoza bo'lsin, aks holda qo'yilgan maqsad yetarlicha xohish darajasiga chiqmaydi.

M - measurable — o'lchovli: Maqsad shunday ifodalanishi lozimki, unga erishish darajasini o'lchash mumkin bo'lsin. Aks holda maqsadni nazardan chiqarishimiz mumkin.

A - Achievable - erishiladigan: doim belgilangan maqsadga erishish imkoniyati bo'lishi lozim. Asosiy tamoyil: -e'tiroz bilan, lekin erishiluvchan kabi bo'lsin.

R - relevant, resours - muvofiq, resurs (natijaga yo'naltirilgan): maqsad ifodasi ijobiy o'zgarishlarga erishish uchun boshlang'ich nuqtaga ega bo'lishi lozim. Maqsad ifodasiga, uni bajarishga yetarlicha xohish (istak) bo'lmagan xodimlarni kiritish maqsadga muvofiq emas.

T - time bound - vaqt bo'yicha chegaralar: har bir maqsad shunday aniq vaqtinchalik chegaralarga ega bo'lishi kerakki, belgilangan muddatlarni o'lchash mumkin bo'lsin.

Shunday qilib, "SMART" — bu atrof-muhit bilan o'zaro ta'sirda namoyon bo'ladigan tizim yoki jarayonning xossasidir va tizim va yoki jarayonga:

• tashqi muhitdagi o'zgarishga tez javob berish;
• o'zgarish qilinayotgan shartlarga moslashish;
• mustaqil rivojlanish va o'zini-o'zi nazorat qilish;
• natijaga samarali erishishga imkoniyat beradi.

"SMART"ning tayanch xossasi atrof-muhit bilan o'zaro ta'sir etish va unga moslashish qobiliyatidir. Uning ushbu xususiyati mustaqil qiymatga ega va shahar, universitet, ta'lim, texnologiya, jamiyat va ko'pgina boshqa kategoriyalarga qo'llanilishi mumkin. Nima uchun ushbu maxsus xususiyatlar «smart» so'zi bilan belgilanadi? So'zma - so'z tarjimasi -Smart - «Aqlli» degan ma'noni anglatishini yuqorida ko'rdik. Lekin ingliz tilida, kamida ikkita boshqa aqlni egallashni belgilaydigan - clever va -intelligent umumiy foydalanadigan so'z mavjud. Aqlni ifodalaydigan barcha uchta so'zdan, eng chuqur ma'no beradigani -intelligentdir. Xuddi shu soʻz chuqur xulosa qilish, shuningdek, ratsional fikrlash va xulqga qandaydir boshlangʻich qabili (inborn tugʻma, inherent-tabiiy) imkoniyatini beradi. Bu yerda smart nafaqat intellektual harakatlarni amalga oshirish qobiliyatini, balki tashqi goʻzallikni ham belgilaydi. Ana shuning uchun ham turli gadjetlarga nisbatan smart tushunchasi yaxshi ishlaydi: u estetika, ergonomika va intellektual funksiyalar orasidagi aloqa haqidagi tasavvurni ifodalaydi. Shu paytni oʻzida, - Aqlli kabi qabul qilinadigan smart-texnologiyalardan, oqilona hulqning imitatsiyasi kutiladi. Mos holda smart texnologiyadan biz foydalanish qulayligi bilan birga baʼzi intellektual funksiyalarga qobiliyatni kutamiz. Shuning uchun, sunʼiy intellekt va smart-texnologiyani tenglashtirish mumkin emas. Smart - texnologiya tushunchasi yaqindagina ommalashdi. Undagi -smart soʻzi 40 yil muqaddam maʼlum boʻlgan. Dastlab atama azrokosmik tadqiqotlarda paydo boʻlib, boshqa fan sohasidan olingan. Smart-texnologiyalar - oʻzaro taʼsir va tajriba almashish negizida protseduralarga uzatiladigan, avvallari axborot va bilimlarga asoslangan texnologiyalardir. Dastlab -smart-tuzulish-konsepsiyasi, uni yaratish uchta: yangi materialga oʻtish, materiallarning yangi xususiyatlaridan foydalanish va elektronika va axborot texnologiyalari sohasida muvaffaqiyatlar kabi tendensiyalar bilan mustahkamlanadigan aerokosmik texnologiya kontekstida eslatilgan. Smart-texnologiyalar intellektual sistemalarni «vizuallashtirish-dan» iborat. Demak, ularning -Aqlligi uchun intelletual sistemalar asosida yotgan chegaralarni qoʻyish mumkin. Bunday chegaralar qatoriga, hatto sistema - oʻrgatuvchi (agar, bu neyrokompyuterli sistema boʻlmasa) boʻlgan holda ham, uni oʻqitish yoʻlini chegaralaydigan ishning algoritmiklik tabiati kirishi mumkin. Intellektual sistemalar axborotni izlash va tizimlashtirish boʻyicha juda koʻp amallarni avtomatlashtiradi, lekin albatta, inson intellekti talab qilinadigan intellektual vazifalarni bajarmaydi. «Smart-ta'lim» tushunchasi. Smart oʻrab turgan atrof-muhitdagi oʻzgarishlarga ob'yekt yoki jarayonni bir onda moslashtirishga imkoniyat beradigan xususiyat sifatida, zamonaviy ijtimoiy rivojlanishda, ayniqsa, ta'limda eng talabli bo'lmoqda. Smart-ta'limning yangi konsepsiyasining shakllanishi, ta'lim tizmida yangi iqtisodiy va ijtimoiy samaralarga erishish va yangi samaradorlik olishga imkoniyat beradigan axborot va kommunikatsiya texnologiyalarining yutuqlariga asoslanadi. Smartta'lim paradigmasini asta-sekinlik bilan shakllanishini doimiy ravishda smart-ta'lim va smart-o'qitish mazusidagi anjumanlarni o'tishi tasdiqlamoqda. «Smart-ta'lim» tushunchasini ko'rib chiqishdan oldin ta'limning ta'rifiga to'xtalamiz.

«Ta'lim - ijtimoiy ahamiyatga ega bo'lgan va inson, oila, jamiyat va davlat manfaatlarida amalga oshiriladigan yagona maqsadga yo'naltirilgan tarbiya va ta'lim jarayonidir, shuningdek insonning intellektual, ma'naviy, axloqiy, ijodiy, jismoniy va (yoki) kasbiy rivojlanishi uchun, uning ta'lim ehtiyojlari va qiziqishlariga javob beradigan ma'lum bir miqdor va murakkablikning erishiladigan bilimlari, ko'nikmalari, qobiliyatlari, qadriyatlari, faoliyat tajribalari va kompetensiyalari yigʻindisidir». Shuni qayd etish lozimki, ta'lim - bu inson, oila, jamiyat va davlat manfaatlari yoʻlida amalga oshiriladigan jarayondir. Soʻnggi yillarda oʻtkazilgan tadqiqotlar shuni koʻrsatmoqdagi, AKTning turli sohalarga keng tarqalishi, shu munosabat bilan hamma joyga -bosimi ostida inson, oila va jamiyatning oʻziga xosligi oʻzgarmoqda. Smart - ta'lim (education) - mohiyat jihatdan yangi ta'lim muhitidir; butun jahon bilimlarni foydalanish va passiv kontentdan faol kontentga oʻtish uchun oʻqituvchi, mutaxassis va talabalarning kuchlarini, ya'ni ta'lim faoliyatini birlashtirishdir. Smart-ta'lim - umumiy standart, texnologiyalar va oʻquv yurtining tarmogʻi va professoroʻqituvchilar tarkibi orasidagi kelishuvlar negizida internetda ta'lim faoliyatini tashkil etishdan iboratdir. Smart - oʻquv jarayoni - innovatsiyalar va internetdan foydalanish asosida tashkil etilgan ta'lim jarayonidir; u tizimli koʻp oʻlchovli koʻrish va koʻp aspektliligi va yangilanishining uzluksizligini e'tiborga olgan holda predmetlarni oʻrganish asosida kasbiy kompetensiyalar egallashga imkoniyat beradi. Ta'limda axborot oqimining tezligi va hajmlari hamda har qanday kasbiy faoliyatda jadal sur'atlar bilan o'sib bormoqda. Talabalarni amaliy mashg'ulotlarni o'tishga, haqiqiy vaqt sharoitida ishlashga tayyorlash uchun namunalar va modellardan foydalanmasdan mavjud o'quv materiallarini haqiqiy vaqtda uzatilayotgan materiallar bilan to'ldirish lozim. Talabalarning o'zini - o'zi anglash, ilmiy tadqiqot, loyihalash ishlarini tashkil etishda foydalanish. Ushbu tamoyil kasbiy masalalarni yechish uchun ijodiy izlanishga, mustaqil axborot va tadqiqot faoliyatiga tayyor bo'lgan mutaxassislarni tayyorlash asosidir. O'quv muhitini universitet hududi yoki masofali o'qitish tizimi chegaralari bilan cheklanmaydi. O'quv jarayoni uzluksiz bo'lishi kerak, jumladan, kasbiy faoliyat vositalaridan foydalanib, kasbiy muhitda o'qitishni o'ziga olishi kerak.. Kasbiy muhit nafaqat mutaxassislarni tayyorlash uchun mijozlar, balki o'quv jarayonining faol ishtirokchisiga aylanmoqda. AKT talabalarga kasbiy jamoalar ishida ishtirok etish bo'yicha yangi imkoniyatlar yaratib beradi va mutaxassislar tomonidan muammolarni hal etishni kuzatishga imkoniyatlar beradi Ta'lim tizimiga ishlayotgan fuqarolarni jalb etish, kasbiy faoliyat turlarini tez-tez almashish, texnologiyalarni jadal rivojlanishi hisobiga ta'lim sohasi sezilarli darajada kengaymoqda. Universitetlarga kelayotgan talabalar, odatda o'zlarining ta'limdagi ehtiyojlarini yaxshi anglaydilar va ifodalaydilar. Ta'lim faoliyatining xilma-xilligi talabalarni ta'lim dasturlari va kurslariga o'qitish, o'quv jarayonida asbob-uskunalardan foydalanish, ularning salomatliklariga, moddiy va ijtimoiy sharoitlarga mos ravishda imkoniyatlarni taqdim etishni talab qiladi.

1- BO'LIM. OT SO'Z TURKUMINI O'RGANISH METODIKASI

1.1. Ot so'z turkumi haqida

Ot — mustaqil so'z turkumlaridan biri. Narsa-buyum, shaxslarning nomi, atamasi bo'lgan so'zlar turkumi ot deyiladi. Otlar kim? nima? qayer? so'roqlaridan biriga javob bo'ladi. U boshqa turkumlardan bir necha belgi — xususiyatlari bilan ajralib turadi. Ular quyidagilardan iborat:

So'zlarni turkumga ajratish tilshunoslik fan sifatida shakllangan dastlabki davrlarda boshlangan. Dastavval, hindlar so'zlarni *otlar, fe'llar, yordamchilar*ga ajratgan. Keyinchalik, arablar *ismlar, fe'llar, yordamchiso'zlar* tarzida guruhlagan. Bir qator xalqlar ismlar ichidan *ot, sifat, son, olmosh*, *fe'l*ni mustaqil turkum sifatida umumlashtirgan. Hozirgi O'zbek tilidaismlar nomi ostida bir necha so'z turkumi mujassamlangan. Jumladan, o'zbek tilshunosligida *ot, sifat, son, olmosh, sifatdosh, harakat nomi, taqlid so'z* ismlar guruhi ostida birlashtirilgan. Ismlarni birlashtiruvchi asosiy omil ularning ko'plik, kelishik, egalik shakllarini olish xususiyatiga ega ekanligidir. Turkiy tillardagi so'z turkumlari o'ziga xos xususiyatlari bilan flektiv tillardan farq qiladi. O'zbek tilidagrammatik rod kategoriyasi mavjud emas. Ot turkumidagi so'zlar birlik va ko'plikda qo'llanadi. Son, olmosh turkumida yasalish mavjud emas. Grammatik ma'no, asosan, yordamchi so'zlar bilan ifodalanadi.

So'zlarning morfologik tarkibini o'rganish, qardosh tillar bilan qiyoslash, flektiv tillardagi hodisalardan farqli tomonlarini tahlil etish O'zbek tilidaso'z o'zgarishining xilma-xil ekanligini ko'rsatadi. O'zbek tilidaso'z turkumlari miqdoriy belgisiga ko'ra farqlansa ham, sifat belgisiga ko'ra umumlashtiruvchi jihatlarga ega.

O'zbek tilida so'z turkumlari jami 12 ta. Ular, asosan, besh guruhga bo'linadi. So'zlar aniq narsa, belgi, harakat, holat kabilarni bildirishi yoki bildirmasligiga ko'ra mustaqil so'zlarga bo'linadi. Mustaqil so'zlar turkumi: *ot, sifat, son, olmosh, fe'l, ravish.* Yordamchi so'zlar turkumi: *ko'makchi, bog'lovchi, yuklama.* Modal so'zlar, undov so'zlar, taqlid so'zlar o'ziga xos jihatlari bilan yuqoridagi so'z turkumlaridan ajralib turadi. Shu bois ular alohida-alohida guruhni tashkil etadi.

Narsa-buyum, mavhumlik ma'nosini bildiruvchi so'zlarotdir. Turkiy tillardagi ot quyidagi xususiyatlarga ega.

1. Ot turkumi son, egalik, kelishik kabi grammatik kategoriyalarga, turli ma'no hamda vazifa uchun xizmat qiluvchi funksional shakllarga, shuningdek, o'ziga xos yasalish tizimiga ega.

2. Ot sifat, son, olmosh, fe'l va ravish (barcha mustaqil so'zlar) bilan birika oladi.

3. Ot barcha gap bo'laklari vazifasida kela oladi (ega, kesim, ikkinchi darajali bo'laklar, undalma).

Ot so'z turkumi son, egalik, kelishik kategoriyalari bilan o'zgaradi. Otning noaniqligi ko'pgina O'zbek tilida *bir* so'zi yordamida ifodalansa, chuvash tilida *per* so'zi bilan beriladi. Aniqlik holati esa egalik ko'rsatkichlari (*meniŋ bodunum*) va vositasiz to'ldiruvchi (chuv. *keneken par-ka* "kitobni berchi") yoki qaratqich aniqlovchi vositasida ifodalanadi.

Otlarda son kategoriyasi. Otlarda son tushunchasi birlik va ko'plik orqali namoyon bo'ladi. Otlar nutqda har doim birlik yoki ko'plik shaklida bo'ladi. O'zbek tilidaotning son shakli (birlik va ko'plik) sintaktik munosabat bildirmaydi.grammatik son kategoriyasi odatda birlik va ko'plikdagi shakllar qarama-qarshiligidan tashkil topadi.

Qadimgi turkiy qabilalarda grammatik son kategoriyasi shakllari o'ziga xos tarzda ifodalangan. A.N.Kononov shu nuqtayi nazardan O'zbek tilidason kategoriyasi birlik va ko'plik shakllariga ega emas, deydi. Qadimda so'zlar qo'shimchasiz holda umumlashgan narsa nomini bildirib, nutqiy vaziyat yoki matnga qarab yakka narsani yoki uning yig'indisini bildirgan (*ot* so'zi).Qadimgi turkiylar tasavvurida ko'plik jamlash, yig'ish, to'da ma'nosida ifodalangan. Masalan, hozirgi o'zbek tilida ham ayrim otlar birlik shaklida umumlashgan narsa-predmetni bildiradi: *to'da, poda.*ko'plik shaklining sintaktik usulda ifodalanishi turkiy yodnomalarda so'zlarning takror qo'llanishida ko'rinadi, keyinroq ko'plik tushunchasi son bilan otning birikishi orqali aks ettirilgan.

Turkiy tillardagi bobo til davridan mavjud bo'lgan jamlikni bildiruvchi ko'rsatkichlar sifatida quyidagilarni keltirish mumkin: **l, m, r, s, č, š, z, k, n.** Bu ko'rsatkichlar hozirda iste'moldan chiqqan, bir qator turkiy tillardagi so'zlar tarkibida saqlanib qolgan.

-z ko'rsatkichi – qadimgi turkiy tilda: *ikiz//ikkiz* "egiz", *mügüz* "shoxlar", *göz* "ko'zlar", *yuz, tiz* "tizza", tat. *myogez* "shoxlar", *joldašze*"o'rtoqlar". Bu affiks bir qator etnonimlar tarkibida ham uchraydi va ko'plikni bildiradi: *oğuz, qirğiz.* Bu qo'shimcha tatar tilida II shaxs ko'plikdagi buyruq-istak maylida ham mavjud: *barmağız* "bormangiz". Kishilik olmoshlarining ko'plik shakli ham *z* ko'rsatkichi yordamida hosil qilingan: $-mi+n \mid bi+ -z = biz$; $si+n=sen \mid si+z=siz.$

Y.Abdurasulov qadimgi turkiy tilda birlikdagi ot sanaladigan *qaz, qız, öz, buz* kabi so'zlar tarkibida *z* undoshining borligi, o'z navbatida, *qaš, qol, ayaq, qulaq, erin, egin* kabi juftlik anglatuvchi so'zlar tarkibida *z* elementining mavjud emasligini ta'kidlab, *z* ko'rsatkichining ko'plik shakli sifatida qaralishiga to'liq isbotini topmagan holat sifatida baho beradi.[2] *Buz* so'zi anglatadigan ma'noda qisman ko'plik tushunchasi mavjud. Izlanishlar *buz* "muz" so'zining "qotmoq, yaxlamoq" ma'nosidagi *bus-* so'zi bilan aloqadorligini ko'rsatadi (ЭСТЯ,1978,23а). *Qaš, qol, ayaq, qulaq, erin, egin* so'zlarida ko'plik (yoki ikkilik) *-š,-l,-q,-n* shakllari orqali hosil qilingan.

Chuvash tilida *-lar//-ler* qo'shimchasi yo'q. Ko'plik *–har* affiksi bilan ifodalanadi: *atahar* "otalar". Ko'p hollarda bu tilda qo'llanadigan-*sem//-zem*qo'shimchasi ko'plik ma'nosini bildiradi: *yüldašzem* "o'rtoqlar".

Hozirgi turkiy tillarda *-lar*

---

[2]Абдурасулов Ё. Туркий тилларнинг қиёсий-тарихий грамматикаси.- Т.:Фан, 2009.-Б.86.

qo'shimchasining funksional-semantik vazifalari kengaygan. Bu qo'shimcha flektiv tillardan farqli ravishda otdan boshqa so'z turkumlariga ham qo'shilib kela oladi (fe'l shakllari bundan mustasno). *Dadamlar keldilar* kabi o'rinlarda *-lar* ko'plik qo'shimchasi hisoblanmaydi. Aksariyat O'zbek tilidako'plik shakli egalik, kelishik shakllaridan oldin qo'shiladi: *bolalarimizni*. *-lar* qo'shimchasi hurmatni bildirganda I va II shaxsda egalik qo'shimchasidan keyin keladi: *bobomlar, bobonglar.*

O'zbek tilidaaffikslar, jumladan, *-lar* affiksi, keyingi taraqqiyot bosqichlarida shakllangan. Turkiy tillardagi ko'plik formasi hisoblangan *-lar*, ko'plik ma'nosini ifodalashdan tashqari, boshqa vazifalarni ham bajarish xususiyatiga ega.

1.Planeta, yulduz nomlari (Quyosh, Mars), atoqli otlarga *-lar* affiksi qo'shilganda grammatik ko'plik ifodalanmaydi. Ko'plik atoqli otlarga qo'shilganda o'zi qo'shilgan otning ko'pligini emas, balki uning boshqalar bilan birgalikda ekanligi yoki geografik nomlarga qo'shilganda shu geografik joyning kengroq, atrofdagi joylar bilan birgalikda tushunilishini bildiradi. Atoqli otlarga -*lar* qo'shilganda kishilar guruhi tushuniladi.

2. Ayrim so'zlar ma'nosiga ko'ra -*lar* ko'plik qo'shimchasini olmaydi: *xaloyiq, dada, ona.*

3. Mavhum otlarga -*lar* qo'shilganda uslubiy ma'no ifodalanadi, ma'no kuchaytiriladi: *sevgi, uyqu, aql, kambag'al, ko'ngil. Uyqularim qochdi.*

4. O'zi bir dona bo'ladigan narsa-buyumlarga -*lar* qo'shilganda ham ma'no kuchaytiriladi: *bosh, til, burun.*

5. Donalab sanalmaydigan narsa va hodisalarni bildiruvchi otlar birlik shaklida kelsa ham, aslida jamlikni bildiradi. M., *Ko'chaga qum to'kilgan* yoki *Ariq to'la suv, ichgani tashna, bolam.* Bunday so'zlarga -*lar* qo'shilsa, shu predmetning turi, navi, xili, xilma-xil ekanligi, mo'lligi anglashiladi: *unlar, yog'lar, suvlar* (gazli suv, mineral suv kabi); *bozordagi unlar.* Ba'zan -*lar* tasviriylik, ifodalilikni kuchaytiradi: *ko'z yoshini artdi – ko'z yoshlarini artdi.*

Ma'lum kasb-hunar, fan, shu kasb-hunarga,

fanga oid sohani bildiruvchi otlar ko'plik shaklida qo'llanmaydi: *o'qituvchilik, dehqonchilik, olimlik, matematika, kimyo, tilshunoslik.*

Quyidagi hollarda otlar doimo birlik shaklida bo'ladi:

1. Izohlovchi-izohlanmish munosabatidagi birinchi so'z: *qiz bola, oshpaz xola, muhandis Qodirov.*

2. Sifatlovchi son bilan ifodalanganda: *beshta kitob, o'ntacha sayyoh, uchala bola, bir-ikkita gap, besh kun.*

Hozirgi chuvash adabiy tilida ayrim otlarning I va II shaxslardagi ko'plik shakllarida *-lar* ishlatilmaydi: *attemer* "otalar", *piren atte* "bizning otamiz", *siren ate* "sizning otangiz".

1.2. OT SO'Z TURKUMINI O'RGANISH METODIKASI

3-sinfda "Otlar son" mavzusi, ya'ni otlarning birlik va ko'plikda qo'llanishi ustida ishlash jarayonida o'quvchilarda;

1) birlik va ko'plikda qo'llanilgan otlani ma'nosi va qo'shimcha orqali farqlash.

2) birlikdagi otdan ko'plik sondagi ot va aksincha, ko'plikdagi otdan birlik sondagi ot hosil qilish.

3) gapda so'zlarning bog'lanishini hisobga olgan holda, otlardan nutqda to'g'ri foydalana olish ko'nikmalari shakllantiriladi.

Otlarning birlik va ko'plikda qo'llanishi taqqoslash usulidan foydalanib tushuntiriladi. Buning uchun bir predmetni va shunday bir necha predmetni bildiradigan otlar taqqoslanadi: Qalam-qalamlar, nok-noklar kabi. Suhbat asosida nok so'zi nechta (1 ta) predmetni va noklar so'zi nechta (2 va undan ortiq) predmetni bildirishni aniqlanadi. (boshqa so'zlar bilan ham shunday ishlanadi) Oddiygina xulosa chiqariladi va umumlashtiriladi; agar otlar bir predmetni bildirsa birlikda, 2 va undan ortiq predmetni bidirsa ko'plikda qo'llaniladi. Ko'plikdagi otni yasash uchun birlikdagi otga -lar qo'shimchasi qo'llaniladi. Birlikdagi otlar kim? yoki nima? so'rog'iga , ko'plikdagi otlar esa kimlar? yoki nimalar? so'rog'iga javob bo'ladi.

Bu sinf o'quvchilariga faqat birlikda qo'laniladigan otlar, birlik shaklida qo'llangan armiya, qo'shin, xalq kabi otlar ko'plik ma'nosini anglatadigan ma'nosi maxsus tushuntirilmaydi. Agar o'quvchilar bu haqida savol bersalar, sodda shaklda tushuntirish mumkin.

Otlarning birlik va ko'plikda qo'llanilishini kuzatish aslida so'z formasi ustida ishlashning boshlang'ich bosqich hisoblanadi. Bunda o'quvchilar otlarni ko'plik qo'shimchasi bilan o'zgartirish, ya'ni otga forma yasovchi qo'shimcha qo'shish bilan so'zning leksik ma'nosi o'zgarmasligiga ishonch hosil qiladilar.

"Otlarda egalik qo'shimchalari" mavzusi

boshlang'ich sinf o'quvchilari uchun murakkab hisoblanadi. Chunki bu mavzu o'rganilgunga qadar bolalar "shaxs" tushunchasi bilan hali tanishtirilmagan, kishilik olmoshlari hali o'rganmagan bo'ladilar. O'quvchilarga egalik qo'shimchasi predmet birlik va ko'plikdagi 3 shaxsdan biriga tegishli ekanini bildirishini tushuntirish qiyin. Shularni hisobga olib, o'quvchilarni otlarda egalik qo'shimchalari bilan tanishtirishda o'qituvchi ishni sarlavhadagi "Egalik" so'zining leksik ma'nosini tushuntirishdan boshlashi maqsadga muvofiq: ega bo'lish, qarashlilik, tegishlilik, oidlilik ma'nolarini bildiradi. Egalik qo'shimchasi deyilaganda biror narsaga ega bo'lishni, shu narsa tegishli, shu narsaning egasi ekanini bildiradigan qo'shimchalar tushuniladi. Otlar egalik qo'shimchalari bilan qo'llaniladi. Otga qo'shilgan egalik qo'shimchasi shu ot ifodalangan predmetning kimgadir qarashli ekanini, shu predmetni egasi ekanini bildiradi:

Kecha o'qigan kitobim juda qiziqarli ekan.

Sening kitobing ham qiziqarlimi?

Ra'noning kitobi ham qiziqarli edi.

Kitobim, kitobing, kitobi so'zlari so'z tarkibiga ko'ra tahlil qilinadi va o'quvchilar kitob-o'zak, -im, -ing, -i qo'shimchalari qo'shimcha ekanini aniqlaydilar.

O'qituvchi kitobim va kitob so'zlarini taqqoslashni, -im qo'shimchasining ma'nosi haqida o'ylab ko'rishni topshiradi, muammoli vaziyat yaratadi. Bolalar qo'shimchaning ma'nosi haqida fikr yuritadi. Ammo kitobim so'zining ma'nosiga (mening kitobim –kitob meniki) tushunsalar ham, fikrlarini shakllantirib aytib berolmaydilar. O'qituvchi qisqa tushuntiradi. Tilda 3 ta shaxs mavjud;

so'zlovchi yoki 1-shaxs

tinglovchi yoki 2-shaxs

o'zga yoki 3-shaxs.

Hozir men sizga so'zlayapman, tushuntirayapman, demak, men so'zlovchi, hozir siz meni (tushuntirayotgan mavzuni) tinglayapsiz demak, siz (sen) tinglovchi, hozir tinglashga qatnashmayotganlar ham bor, u (ular) – o'zga hisoblanadi. Siz otlar birlik va ko'plik sonda qo'llanilishini bilasiz. Ma'lumki, biror narsa bir shaxsga yoki 2 va undan ortiq shaxsga tegishli bo'lishi mumkin. Mana shu ma'nolarni, ya'ni biror predmetning birlik yoki ko'plikdagi 3 shaxsdan biriga qarashli ekanini otga qo'shilgan egalik qo'shimchalari bildiradi. Masalan, kitobim so'ziga qo'shilgan, siz aniqlangan –im qo'shimchasi kitobning 1-shaxsga taalluqli ekanini, ya'ni kitobning egasi 1-shaxs ekanini bildiradi. (-im, -ing, -i qo'shimchalari ham shunday tushuntiriladi) Qisqa shunday xulosa chiqariladi; Otlarga qo'shilgan mana shunday qo'shimchalar egalik qo'shimchalari deyiladi. Egalik qo'shimchalari tegishlilik, egalik ma'nosini bildiradi.

Egalik qo'shimchalari otlarga 2 xil variantda qo'shiladi. Oxiri unli bilan tugagan otlarga –m, -ng, -si, -miz, -ingiz, -si egalik qo'shimchalari, oxiri undosh bilan tugagan otlarga –im, -ing, -i, -imiz, -ingiz, -i egalik qo'shimchalari qo'shiladi. Shundan so'ng o'quvchilar "O'zbek tili" darsligidagi qoidani o'qiydilar. Jadvalni tahlil qiladilar.

O'quvchilarga egalik qo'shimchalari haqidagi ko'nikmani shakllantirish uchun matndan egalik qo'shimchasi bilan qo'llangan otni topish uni tarkibiga ko'ra tahlil qilib, egalik qo'shimcha shaxs sonini aniqlash, matnda berilgan otga tushirib qoldirilgan egalik qo'shimchasini qo'shish, predmet qaysi shaxs yoki shaxslarga qarashli ekanini aytish kabi mashqlardan foydalaniladi. Egalik qo'shimchasi ustida ishlash bu bilan tugamaydi. Otlarning kelishiklar bilan turlanishini o'rganish jarayonida egalik qo'shimchasi bilan qo'llangan ot qaratqich kelishigida kelgan boshqa ot bilan, kishilik olmoshlarining kelishiklar bilan turlanishini o'rganish jarayonida esa egalik qo'shimchasi bilan kelgan ot qaratqich kelishigidagi kishilik olmoshi bilan bog'lanib, so'z birikmasi hosil qilishi haqida bilim beriladi.

Kelishiklar sintaktik kategoriya hisoblanadi. Kelishik otlarining gapda boshqa so'zlar bilan munosabatini ifodalaydi. Demak, kelishiklarni o'rgatishda o'quvchilarning gapda so'zlarning bog'lanishini bilishlari nazarda tutiladi. Kelishiklar ustida ishlashni o'quvchilar gapda ma'no va grammatik tomondan bog'langan so'zlarni (so'z birikmalarini) ajratishga o'rganganlaridan so'ng boshlanadi. Kelishiklar ustida ishlash gapda so'zlarning bog'lanishi ustida ishlash hamdir. Kelishiklarni bilish uchun o'quvchi ot gapda qaysi so'z bilan bog'lanishini aniq bilishi kerak. Ot gapda boshqa so'zlar bilan bog'langanda qo'shimchalar bilan o'zgarishi ancha oldindan kuzatilib boriladi. Aslida o'quvchilar 1-sinfdayoq so'z ma'nolarini o'zgarishi bilan amaliy tanishadilar, ammo ular so'z formasi nimaligini bilmaydilar. Bolalar keyingi sinfda forma yasovchi (so'z o'zgartiruvchi) qo'shimchalar bilan tanishadilar. Bu qo'shimchalar gapda so'zlarni bog'lashi uchun xizmat qilishini tushunadilar.

3-sinfda ot ustida ishlashning asosiy vazifasi fikr bayon qilishda otning kelishik formalaridan ongli foydalanish va kelishik qo'shimchalarini to'g'ri yozishga o'rgatish hisoblanadi. Bu sinfda ot quyidagi izchillikda o'rganiladi.

1. Otlarning kelishiklar bilan turlanishi haqida ma'lumot berish;

2. Ko'plikdagi otlarning turlanishini o'rgatish;

3. Har bir kelishikning xususiyatlarini alohida o'rganish va u bilan bog'liq holda kelishik qo'shimchalarini yozilishi haqida ko'nikma hosil qilish.

Otlarning kelishik qo'shimchalari bilan o'zgarishi turlanishi haqida tushuncha berish bilan o'quvchilarga kelishik qo'shimchalari gapda so'zlarni bog'lash uchun xizmat qilishi, o'zbek tilidagi 6 kelishik, ularning nomi, so'roqlari, qo'shimchalari va joylanish tartibi tushuntiriladi.

O'quvchilar o'zlashtirgan grammatik bilimlarini imloni o'zlashtirishda foydalana olishlari uchun ishni bajarishda izchillikka katta ahamiyat beriladi. Bajarilgan ish yozib boriladi. O'quvchilar avval gapda ot bogʻlangan soʻzdan shu otga savol beradilar va savolni qavs ichiga yozadilar: keyin soʻroqqa qarab kelishikni aniqlaydilar, masalan, yashaydi (qayerda?)- qishloqda (oʻrin payt kelishigi) ular buni yaxshi oʻzlashtirgandan soʻng mashq tez bajariladi, yozish talab etilmaydi.

Koʻplikdagi otlarning turlanishini oʻrganishda nutqda koʻplikdagi otlardan toʻgʻri foydalanish koʻnikmasini takomillashtirish maqsadi koʻzda tutiladi. Oʻquvchilar suhbat yordamida bosh kelishikdagi otning soʻrogʻini va predmetni bildirishini aytadilar. (nima? – kitob, kim? – oʻquvchi). Oʻqituvchi agar shu ot 2 va undan ortiq predmetni bildirsa, qanday soʻroqqa javob boʻlishini, qaysi kelishikni bildirishini soʻraydi, ular qiynalmay javob beradi (nimalar? – kitoblar, kimlar? – oʻquvchilar). Xulosa chiqariladi: koʻplikdagi otlar bosh kelishikda kimlar? yoki nimalar? Soʻrogʻiga javob boʻladi. Oʻquvchilar otlarning kelishiklar bilan turlanishi jadvalidan foydalanib, shu otlarni koʻplikda turlaydilar va koʻplik qoʻshimchasi doim kelishik qoʻshimchasidan oldin qo'shilishini, so'roqlarini bilib oladilar.

Har bir kelishikning alohida o'rganishning vazifasi kelishikni o'rganish bilan bog'liq holda kelishik qo'shimchalarining yozilishi haqidagi malakani shakllantirish va o'quvchilarning kelishiklar bilan turlangan otlardan ongli foydalanishlariga erishish hisoblanadi. Kelishiklarni bilib olish maqsadida so'roqlardan foydalaniladi. Buning uchun o'quvchilar, birinchidan, so'roqni otning yakka o'ziga emas, balki gapda ot ma'no tomondan bog'langan so'zdan shu otga berishni o'rganishlari, ikkinchidan, kelishiklarning so'roqlarini yaxshi bilishlari zarur.

Kelishiklarning xususiyatlarini o'rganishga qulaylik yaratish uchun har bir kelishikni quyidagi umumiy reja asosida o'rganish maqsadga muvofiq:

1. Kelishiklarning grammatik asosi.

2. So'roqlari.

3. Qo'shimchasi.

4. Gapdagi vazifasi. Kelishiklarni shu tarzda o'rganish

ularni o'zaro taqqoslashni yengillashtiradi va ongli o'zlashtirishni ta'minlaydi.

Bir kelishik o'zining muhim belgilari bilan boshqa kelishiklardan farqlanadi. Muayyan bir kelishikdagi otdan ongli foydalanish va kelishik qo'shimchalarini to'g'ri yozish uchun o'quvchilar kelishiklarning muhim belgilarini puxta o'zlashtirishi talab etiladi. Shuning uchun ham kelishiklarning muhim belgilarini o'zlashtirib, bir kelishikni ikkinchisidan farqlash ko'nikmasini shakllantirishga katta o'rin beriladi.

O'quvchilar qaratqich va tushum kelishigini farqlashga qiynaladilar, bir qo'shimcha o'rniga ikkinchisini ishlatadi. Buning oldini olish uchun ikki kelishikning ma'nosi, qo'shimchasi, so'roqlari va gapdagi vazifasi taqqoslanadi, suhbat asosida xulosa chiqariladi. Boshlang'ich sinf dasturiga ko'ra o'quvchilarni qaratqich va tushum kelishigida otning belgisiz qo'llanishi bilan tanishtirish tavsiya etilmaydi.

O'quvchilar jo'nalish kelishigining xususiyatlari

bilan tanishtirilgach, jo'nalish kelishigi qo'shimchasining yozilishi tushuntiriladi:

a) oxiri jarangsiz undosh bilan so'zlarga jo'nalish kelishik qo'shimchasi –ga qo'shilganda talaffuzda –ka eshitilishi, ammo aslicha yozilishi tovush harf tomonidan tahlil qilish bilan tushuntiriladi.

b) jo'nalish kelishigi qo'shimchasi oxiri k undosh bilan tugagan otlarga –ka shaklida qo'shiladi, oxiri q undosh bilan tugagan -qa tarzida qo'shiladi.

O'quvchilar o'rin-payt kelishigining xususiyatlari bilan tanishtirilgach, kelishik qo'shimchasida –da ning –ta bo'lib eshitilsa ham da shaklida yoziladi. O'quvchilar chiqish kelishigining xususiyatlar bilan ham reja asosida tanishtirilib, ularga kelishik qo'shimchasining yozilishi tushuntiriladi. Kelishiklar haqidagi malakani shakllantirish ustida ishlashning samaradorliligini ta'minlaydigan shartlar maqsadga muvofiq mashq tanlash, mashq materialini asta murakkablashtira borish bilan o'quvchilarning mustaqilligini oshirish, imloni grammatik bilimni takomillashtira borish, o'quvchilarning nutqini o'stirish bilan bog'lab o'rgatishdir.

Shunday qilib, boshlang'ich sinflarda ot kompleks ravishda o'rganiladi va uni o'rganish o'quvchilar shu so'z turkumining belgilarini, funksiyasini o'zlashtirishiga, shuningdek ularda kelishik qo'shimchalarini to'g'ri yozish ko'nikmasini shakllantirishga qaratiladi.

1.3. OT SO'Z TURKUMINI O'RGATISHDA SMART TEXNOLOGIYALARDAN FOYDALANISH

Boshlang'ich sinf ona tili darslarida ot so'z turkumini o'rgatishda quyidagi didaktik o'yinlardan samarali foydalanish mumkin.

1. "Maqollarda antonimlar" Ma'lumki, o'zbek xalq maqollarida antonimlar ko'proq uchraydi. Shu bois bu shartda o'quvchilar navbatma-navbat ot antonimlar ishtirok etgan maqollaridan aytadilar. Masalan, "yaxshiga yondash, yomondan qoch", "do'st achitib gapirar, dushman kuldirib gapirar", "kattaga hurmatda bo'l, kichikka izzatda" va x.k.

2. "Zinapoya" usuli O'quvchilar ikki guruhga bo'linadi. So'ng xattaxtaga ma'lum bir shaklda «zinapoya» chiziladi. Ma'lumki, antonimlar o'z juftliklariga ega. Shundan kelib chiqib, ushbu juftlikning bittasi "zinapoya" ga yozib qo'yiladi, ikkinchisini esa guruhlardagi o'quvchilarning o'zlari topadi, ular zinalardan bosh zinaga chiqib borishadi.

Bunda o'quvchilarda tezkorlik talab etiladi. Chunki qaysi guruh o'quvchilari birinchi bo'lib bosh zinaga chiqsa, ular g'olib bo'ladi. Sinfda nechta o'quvchi bo'lsa, zinalar soni shuncha bo'ladi.

3. "Izohli lug'at" Buning uchun o'quvchilar ikki guruhga bo'linadilar.1-guruh ishtirokchilari so'z birikmasi, frazeologik birikma yoki tasviriy ifodalarni aytadilar. 2-guruhdagi o'quvchilar esa 1- guruhdagilar aytgan so'z va birikmalar ma'nosini tezkorlik bilan izohlab beradilar. Shartni bajara olmagan guruh mag'lub hisoblanadi. Bu o'yin quyidagicha amalga oshiriladi: O'zbekning shoh taomi: palov Ertalabki ovqatlanish: nonushta Ilonning yog'ini yalagan: ayyor. Dala malikasi: makkajo'xori Aql gimnastikasi: shaxmat Tog' malikasi: archa va x.k. Bu o'yinlarni ona tili darslarida 4-sinflarda o'tkazish maqsadga muvofiq. Bunday o'yinlar faqat bir mavzu doirasida cheklanib qolmay bir qancha mavzularda, ko'proq takrorlash darslarida o'tkazilishi mumkin.

3-4- sinfda "So'z turkumlari" bo`limi

o'rganilayotganda quyidagi kabi savollardan foydalanish mumkin:

1. So'zlar nima uchun turkumlarga bo'linadi?

2. Ot qanday qo'shimchalar bilan qo'llanadi?

3. Egalik qo'shimchalari va ularning vazifasi nima?

4. Kelishik qo'shimchalari va ular qanday vazifa bajaradi?

5. Sifat va ot turkumining o'zaro qanday bog'liqligi bor?

6. Ot bilan fe'lning o'zaro qanday bog'liqligi bor?

7. Fe'llardagi zamon qo'shimchalari qanday ma'nolarni bildiradi?

8. Fe'llardagi shaxs-son qo'shimchalari qanday ma'nolarni bildiradi? va hokazo.

1- savolda o'quvchilar quyidagi javoblari bilan qatnashadilar:

- So'zlar turli ma'nolarni bildiradi.

- Ayrim so'zlar narsa ma'nosini bildiradi.

- Ba'zi so'zlar shaxs ma'nosini bildiradi.

- So'zlar harakat ma'nosini ham bildiradi.

- So'zlar belgi ma'nolarini bildiradi.

- So'zlarni ma'nolariga ko'ra turlarga bo'lib o'rgansak oson bo'ladi.

4- sinfda 2- savolga quyidagicha javob berdilar:

- Otlar ko'plik qo'shimchasini oladi.

- Otlar – lar qo'shimchasini oladi.

- Otlar ot yasovchi qo'shimchalarni oladi.

- Otlar – chi qo'shimchasini oladi.

- Otlar – dosh qo'shimchasini oladi va hokazo.

Otlarning egalik qo'shimchasi (-im,- ing, -si,- imiz,- ingiz,- lari) qo'llangan holatlari, otlarning kelishik qo'shimchalari bilan ishlatilgan holatlari gaplar tarkibida ko'rsatildi va so'roqlari yordamida otlar aniqlaniladi. O'quvchilarda "Aqliy hujum" orqali "Otlar yana boshqa qo'shimchalar bilan ham qo'llanar ekan. Ular qanday qo'shimchalar ekan?- degan qiziqish paydo bo'ldi. Shundan so'ng ularga quyidagi savollar berildi:

- Otlar oladigan qo'shimchalar haqida qanday ma'lumotlarni bilar edingiz?

- Ot oladigan qaysi qo'shimchalarni bilmas ekansiz?

- Ularni bilishni xohlaysizmi? Ko'rinib turibdiki, o'qituvchining savoli – o'quvchilar bilish qobiliyatlarini boshqarish vositasi. Savollar qaysi ma'noda yoki vaziyatda qo'llanishiga qarab, o'quvchilarni ilgarilab borishga, bilimlar sari intilishga undaydi, ularni fikrlash darajasini oshiradi. O'quvchilar " Aqliy hujum" orqali fikrlarning qadr – qimmatini, umumiy tushunish va tasavvurni rivojlantirishga o'z hissasini qo'shishini anglab boradilar.

Boshlang'ich sinf ona tili darslarida

qo'llaniladigan interfaol usullardan biri "Klaster" usulidir. Klaster so'zi bog'lam ma'nosini bildiradi.Klasterlardan darsning da'vat, anglash va fikrlar bosqichlarida foydalanish mumkin. Bu metod turli xil g'oyalar o'rtasidagi aloqalar tog'risida fikrlash imkoniyatini beruvchi tuzilma. Bu metod mavzuning o'quvchilar tomonidan puxta o'zlashtirilishini ta'minlaydi. " Klaster" metodidan o'quvchilar bilan yakka tartibda ishlash va guruh-guruh bo'lib ishlashda foydalanish mumkin. Mazkur metod o'rganilayotgan til hodisasini umumlashtirish va ular o'rtasidagi aloqalarni toppish imkoniyatini yaratadi. "Klaster" da sinf yozuv doskasiga yoki katta varaqqa kalit so'zlar, so'z birikmalari yoki gaplar yoziladi va kalit so'zlar til hodisasining aloqadorligiga qarab bog'lab boriladi. Klaster tuzishda, agar u doska yoki katta varaqda sinf jamoasi bilan bajarilayotgan bo'lsa, barcha o'quvchilarning ishtirok etishi shart. Masalan, so'z turkumlarini o'rganishda tarmoqlash usulidan foydalanilganda o'quvchilarda darsga bo'lgan qiziqishi kuchayadi. Tarmoqlash usulidan 3-sinfda "So'z turkumi" tushunchasini hosil qilishda foydalanish mumkin. Bunda o'quvchilarga quyidagi savolni beriladi: - So'zlarni ma'nolariga ko'ra qanday turlarga bo'lib o'rganiladi? Ularning javobini doskaga yozib boriladi. Shundan so'ng shaxs va narsa bildirgan so'zlar ot; belgi bildirgan so'zlar sifat; harakat bildirgan so'zlar fe'l; miqdor bildirgan so'zlar son degan atama bilan tanishtirildi va yuqoridagi so'zlar tarmoqqa kiritildi.

-O'ylang ot, sifat, fe'l, sonni bitta so'z bilan nima deb nomlash mumkin?

So'z turkumlari mavzusi bo'yicha klaster tuzishdan mavzuni o'rganmasdan oldin foydalanish o'quvchilarni yangicha fikr yuritishga undaydi. Metodist olimlar aytganidek, klasterni mavzuni o'rganishni boshlash jarayonida tuzish " bilimlarga yetib borish strategiyasi" ekanini isbotlaydi. 4- sinfda " So'z turkumlari" bo'limi yuzasidan umumlashtiruvchi takrorlash darsida "Zig- zag" metodi ham yaxshi samara berdi. Sinf jamoasini kichik guruhlarga bo'ldik. Har bir jamoada oltitadan o'quvchi bo'ldi, har bir guruhda boshqaruvchi belgilandi. U jamoasi tomonidan aytilgan fikrlarni to'ldiradi va sistemaga soladi. Guruhlarga ajratishda rangli doirachalardan foydalandik. Bir xildagi doiracha olgan bolalar bir stol atrofida birlashdilar. Bunda kuchlarning teng bo'lishiga e'tibor berdik. 1- guruh uchun:

1. 4- sinfda qaysi so'z turkumlarini o'rgandingiz?

2. Ot so'z turkumidagi so'zlarga qaysi qo'shimchalar qo'shiladi?

3. Otga qo'shiladigan qo'shimchalarning vazifalarini ayting.

2- guruh uchun:

1. 4- sinfda qaysi so'z turkumlarini o'rgandingiz?

2. Otning belgilarini bildiradigan so'z turkumi qaysi?

3. U otning qanday belgilarini bildiradi?

3- guruh uchun:

1. 4- sinfda qaysi so'z turkumlarini o'rgandingiz?

2. Ot , sifat, fe'l yasovchi qo'shimchalarni klasterda ifodalang va ularni misollar bilan tushuntiring.

4- guruh uchun:

1. 4- sinfda qaysi so'z turkumlarini o'rgandingiz?

2. Ot, sifat, fe'l yasovchi qo'shimchalarni klasterda ifodalang va ularni misollar bilan tushuntiring.

5- guruh uchu:

1. 4- sinfda qaysi so'z turkumlarini o'rgandingiz?

2. Son so'z turkumining xususiyatlarini klasterda ifodalang.

3.Sonlar nimaning miqdori va tartibini bildiradi?

O'quvchilarning jamoasi vazifani bajarib bo'lishgach, guruhlar almashtirildi, ya'ni boshqaruvchi guruhidagi o'quvchilarni ikkita va bitta qilib boshqa guruhlarga tarqatdi. Yangi tuzilgan jamoada har bir guruh vakili tartib bilan o'z bilganlarini boshqalarga tushuntirib berdi. Shundan so'ng o'rganilganlar yuzasidan taqdimot bo'ldi. O'qituvchi savollar yordamida sinf o'quvchilarining bilimlarini aniqlaydi. " Kim ko'p eslab qoladi ?" deb nomlagan holda o'tkazish mumkin. Bu diktantning maqsadi xotirani ishga solish va imloviy ko'nikmalarni shakllantirishdir. Bunda o'qituvchi har bir gapni bir marta o'qiydi. O'quvchilar yodida qolganlarini yozadi.O'qituvchi bir oz pauzadan so'ng ikkinchi gapni o'qiydi. O'yin – diktantning materiali sifatida so'z olinishi ham mumkin. Unda ham o'qituvchi 3 ta so'zni birdaniga o'qiydi va 10 – 15 soniya pauza qilinadi.O'quvchi eslab qolganini yozadi. Keyin yana uch so'z o'qib beriladi. Bunday tipdagi o'yin lug'at diktantiga 1 – sinfda 5 – 8, 2 – sinfda 8 – 10, 3 – sinfda 10 – 12, 4 – sinfda 12 – 15 so'z olinadi. Diktant yozib bo'lingach, har bir o'quvchi diktantidagi so'zlar sonini sanaydi. O'qituvchi oldindan diktantning to'liq matnini yozib, ustini bekitib qo'ygan bo'ladi.O'quvchilar diktantini tekshirayotganda uning ustini ochib qo'yadi. O'quvchilarning bahosi tushirib qoldirgan so'zlar soniga qarab pasaytiriladi. O'quvchilar diktantni yozib bo'lishgach, o'rganilgan mavzulardan kelib chiqib topshiriqlar berilishi mumkin. Masalan,

1." So'zlardagi unlilarning tagiga chizing ";

2. " Ajratib ko'rsatilgan so'zga ma'nodosh so'z toping;

3. "…. " Shu so'zlar ishtirokida gap tuzing ;

4."… " Gap tuzing va tuzgan gaplaringizning bosh va ikkinchi darajali bo'laklarini aniqlang, tagiga tegishlicha chizing " kabi.

Dastlabki paytlarda ohangdosh so'zlardan foydalanish lozim (ustun, tutun, osmon, somon kabi). Bu o'yinni dastlabki paytlarda " Eslab qol " deb nomlash mumkin. Diktant yuzasidan o'quvchilar bilan quyidagi savollar asosida suhbat o'tkazish mimkin. Inson qancha so'zni xotirada saqlab qola oladi ? Nima uchun birov so'zlarni ko'p eslab qoladi, boshqa birovlar kam so'zni eslab qoladi. Suhbatdan so'ng o'quvchilarga ko'cha, daryo, shahar, kishilarning ismi, badiiy asar nomlarini eslab qolishga harakat qilishlari aytildi. Shundan so'ng o'quvchilarning o'zlari bu diktantni yozdirishni talab qila boshlaydilar.

Ko'rinadiki, boshlang'ich sinf ona tili darslarida turli xil interfaol metodlari va texnika vositalaridan unumli foydalanish mumkin bo'ladi. Bularning barchasi darsning samaradorligini oshirishga xizmat qiladi.

2-BO'LIM. SIFAT SO'Z TURKUMINI O'RGANISH METODIKASI

2.1 SIFAT SO'Z TURKUMI

O'zbek tilidasifat quyidagi xususiyatlarga ega:

1. Predmet, narsa-buyumning belgisini bildiradi, *qanday?, qanaqa?* so'roqlariga javob bo'ladi.

2. Sifat bog'lanib kelgan ot turli so'z o'zgartuvchi qo'shimchalarni qabul qiladi, lekin sifat o'zgarmaydi, ya'ni sintaktik shakl yasovchi qo'shimchalarni olmaydi: *ulug'vor tabiatni.*

3. Sifatlar darajalanadi. Sifat darajalari uch xil:oddiy, qiyosiy, orttirma daraja.

Sifat darajalari uch usul (vosita) yordamida hosil qilinadi:

a) fonetik usul (vosita):*yap-yapalaq, qıp-qızıl.* Urg'u yordamida ham daraja ifodalanadi: *baland, aččıq, nārdān. Qıp-qızıl, sap-sarıq, yum-yumalaq* so'zlarida urg'u birinchi bo'g'inga tushadi, orttirma daraja ifodalanadi;

b) morfologik usul: *-raq, -iš, -(i)mtir: kökraq,*

aqımtır.

d) leksik usul:*sal, xiyal, bir az, juda, ğayatda, nihayatda, behad, eŋ* so'zlari orqali daraja hosil qilinadi:*juda yaxšı, nihayatda qızıq.*

Chuvash tilida qiyosiy darajadagi sifatlar *-rax//-rex* affiksi bilan hosil bo'ladi. *l, n, r* bilan tugagan so'zlarga esa *-tarax* yoki *-terex* affikslari qo'shiladi. Masalan, *soxal-saxaltarax, giner-ginerterex* kabilar.

Orttirma darajadagi sifatlar ikki yo'l bilan hosil qilinadi:

1) *ši, pite, mukkar, maysar, savteri, pisek* so'zlari yordamida: *pisek rayon* "eng katta tuman";

2) birinchi bo'g'inda **p, m , s** undoshlarini keltrirish bilan hosil qilinadi: *sap-sara* "eng sara", *yap-yaka* "tanho", *xup-xura* "qop-qora"; ozarb. *ğıpğırmızı* "qip-qirmizi", *gom-goy* "ko'm-ko'k";olt. *bop-boro* "oppoq", *čop-čoqur* "nihoyatda chuqur";gag. *kapkati* "juda qattiq", *dupu-duz* "tep-tekis";qoz. *sap-sari* "sap-sariq", *qıp-qızıl* "qip-qizil";qum. *ap-aq* "oppoq"; nog'. *yap-yašil* "yam-yashil"; tat. *ap-ači* "juda achchiq", *kom-kok* "ko'm-kok";tuv. *sap-sarığ,*

čap-čaa "yap-yangi";turk. *bom-boš* "boʻm-boʻsh", *dos-dolu* "toʻkis-toʻliq", *sapa-sağlam* "juda sogʻlom";uygʻ. *up-uzun* "juda uzun"; *xak. qıp-qızıl, sap-sarıq;* yoq. *anahu* "juda achchiq", *up-uhun* "juda uzun"; q.-balq. *toppa-tolu* "toʻkis-toʻliq"va boshqalar. Chuvash tilida sifatning **i**affiksi qoʻshilishidan hosil boʻlgan daraja shakli ham mavjud. Bunda soʻz oxirida unli tushadi: *sarlaka* "keng", *sarlaki* "oʻta keng", *keske* "qisqa", *keski* "oʻta qisqa".

Chuvash tilidagi sifat rus tilidagi sifat kategoriyasidan morfologik xususiyati hamda sintaktik vazifasi bilan farq qiladi. Chuvash tilida nutq qismlarining qatʼiy differensiatsiyasi yoʻq. Buning natijasida chuvash tilida koʻpgina sifatlar bir vaqtning oʻzida ham ot, ham ravish vazifasida keladi - *sem pulma tarašatnar* "biz yaxshi ilgʻorlar boʻlishga harakat qilamiz", *etem layaxa yuratat* "inson barcha yaxshiliklarni sevadi".

Turkiy tillardagi sifat darajasi atributiv vazifani bajadi: *tata pisakraʼx sitenusem tuma šuxašlatpar* "yanada kattaroq yutuqlarga erishishimizni tahlil qilyapmiz".

Chuvash tilida sifat turkumidagi so'zlar kelishik va sonda o'zgarmaydi, ya'ni turlanmaydi, ot bilan moslashmaydi.

O'zbek tilida sifatning intensiv shakli

O'zbek tilida intensiv shakl, asosan, rang-tus bildiruvchi sifatlar oldidan kelib, belgining me'yordan ortiqligini bildirish uchun xizmat qiladi. Bunda lugaviy ma'no bilan birga, emotsional munosabat ham ifoda etiladi. Ayrim turkologlar intensiv shaklni orttirma darajaga kiritsalar[3], boshqalar uni maxsus *intensiv shakl yoki kuchaytirma daraja* deb ko'rsatadilar[4].

---

[3] Малов С.Е. Язык желтых уйгуров.- Алма-Ата, 1957; Содиқова С. Ўзбек тилида ранг-тус билдирувчи сўзлар.Номзодлик диссертацияси.- Т.,1963; Абдуллаев Ф. Об интенсивной форме прилагательных в тюркских языках. Научные труды ТашГУ. -Т.,1964.-С.131; Усманов С. Аналитическая форма слова и проблема слова.Автореф. дисс. док.филол.наук-Т., 1965.-С.101;Шамырадов К., Ибрагимов А. Туркмен дилинде сыпатлир.- Ашхабад, 1956.-С.24-26; Хэзирки заман туркмен дили.-Ашхабад, 1960.–С.277-279;Шамиева А. Уйгур тили (дэрслик).- Алма-Ата, 1957.
[4]Дмитриев. Н.К. Грамматика башкирского языка.- М.-Л., 1948.-С.795; Исхаков Ф. Имя прилагательное. Исследования по сравнительной грамматике тюркских языков. II. Морфология.- М., 1956.-С.165; Кононов А.Н.Грамматика современно литературного узбекского языка.- М.-Л., 1960,.-С. 161-164;Ҳозирги замон ўзбек тили.-Т., 1957.-Б. 348-349; Маъруфов З. Степени сравнения прилагательных в узбекском языке.-Л., 1948.-С 82-83; Современный казахский язык.-Алма-Ата, 1962.-С. 207-211; Мусабаев Ғ. Қазіргі қазақ тіліндегі сын есм категорияси.- Алма-Ата, 1961.-С.25; Исхаков А. Қазақ тілі морфологияси.- Алма-Ата, 1964.

Intensiv shaklning yasalishi to'g'risida ham har xil fikrlar mavjud. V.N. Nasilov mazkur shaklni sifatning birinchi bo'g'ini qisqarishidan kelib chiqqan prefiks tarzida e'tirof etadi. Bu fikr 1962- yilda Olmaotada nashr etilgan qozoq tili grammatikasida[5] o'z aksini topgan. N.K.Dmitriyev, A.N.Kononov, Z.M. Ma'rufovlar esa bu shaklni qisqartirilgan reduplikatsiya, deb baholaydilar. A.G'.G'ulomov bu shaklning qisqartirilgan reduplikatsiyadan kelib chiqqanligi haqidagi fikrga shubha bilan qaraydi va uni boshqacha nuqtayi nazardan o'rganish lozimligini ta'kidlaydi. F.A. Abdullayev intensiv shaklni **n** sonor tovushi bilan aloqadorlikda ko'radi, *eŋ// tuŋ // tim //choŋ*so'zlari bilan bog'laydi va *aš - pa*š*, non-pon, iš -pi*š*, gošt-mošt, yiği-siği* singari so'zlarning ikkinchi komponentidagi **m, p, s** tovushlarining kelishini shaklan intensiv formaga o'xshatadi.

O'zbek tilidaintensiv shaklning birinchi komponenti mustaqil ma'no bildirmaydi va sifatdan

---

С.279; Боровков А. Учебник уйгурского языка.–М.,1935; Наджип Э.Грамматика современного уйгурского языка.-М., 1960.
[5]Современный казахский язык. -Алма-Ата, 1962. -С. 202-203.

oldin kelishiga koʻra prefiksga oʻxshab ketadi. Lekin birinchi komponent oxirgi tovushining turkiy tillarda, hatto, bir til dialektlarida oʻzgarishi (oʻzb. *koʻm-koʻk*; uygʻ.*kep-kek,* qoz. *kekpenbek*), shuningdek, rang-tus bildiruvchi sifatlardan boshqa soʻzlarda ham oʻsha xil shakl yasalishidagi ma'lum erkinlik (*tep-tekis,yap-yaxšı* kabi) bu formani *prefiks* deb qarashga shubha tugʻdiradi. Intensiv forma qisqartirilgan reduplikatsiyadan kelib chiqqan, degan fikr esa haqiqatga yaqinroq. Ma'lumki, O'zbek tilida*yap-yapaloq, but-butun* (oʻzb.) singari soʻzlarning birinchi komponenti belgisi kuchaytirilayotgan sifatning birinchi boʻgʻiniga mos keladi; *kekpenbek(kek-pen)* bilan *(kek) kekpenkek/ kekpenbek* (qozoq), *kekpigek* (sariq uygʻ.) soʻzlari bir xil sifatlarning takrorlanishidir.

Intensiv forma shakllanishi uzoq Oltoy davriga borib taqaladi. Mazkur forma moʻgʻul tillari uchun ham xarakterli boʻlib, qadimgi turkiy yozuv yodgorliklarida hozirgi shaklda uchraydi.

Intensiv forma boshqa O'zbek tilidaham

mavjud: ozarb. *gıp-gırmızı, bus-butun;* olt. *jap-jajıl;* boshq. *köp-kök;* qaraim. *ap-ak, yem-yešil;* qum. *k'ıp-k'ızıl;* turk. *up-uzun, bom-boš, bus-butun, šil-šilpaq,* nog'. *köp-köpbek;* tat. *tup-tugerek// tem-tugerek;* tuv. *sap-sarıg;* xak. *koppeges;* shor. *kıp-kızıl;* chuv. *xop-xura;* yoq. *xap-xara.* L.N.Xaritonovning ko'rsatishicha, yoqut tilida birinchi bo'g'in oxiriga ba'zan *-ıs-is // -us* qo'shiladi: *ubus-uzup (ub-uzun).* Sariq uyg'urlar tilida *yau-yasıl, qap-qara // qau-qara, kekpiček, ak pıgax, qıl- ğara.*[6] Ko'pgina O'zbek tilida *p, m* tovushlarining, o'g'uz guruhiga mansub tillarda *s* tovushining fonetik vosita sifatida kelishi kuzatiladi. Sariq uyg'urlar tilidagi *p*o'rnida *u* tovushi keladi: *sau-sarı.*

Tub va yasama sifatlar

Turkiy tillardagi sifatlar tuzilish jihatidan *tub* yoki *yasama* bo'ladi.

Tub sifatlar: *aq, katta, uzun, qara, yaš, keŋ, ağır.* Bunday sifatlar u qadar ko'p emas: **qara:** turk.

---

[6] Малов С.Е. Язык желтых уйгуров, Алма-Ата. 1957-C. 173.

kara, qum. *qara,* noʻg. *qara,* qoz. *qara,* qirgʻ. *qara,* ozarb. *gara,* tat.*qara,* chuv. *xura;*
aq- oq: turk. *ak,* qum. *aq,* noʻgʻ. *ak,* qoz. *aq,* qirgʻ. *aq,* q-qalp. *aq,* tat. *aq,* boshq. *aq;*
yani //yäŋi: noʻgʻ. *uap,* qum. *šao,* q.-qalp.*jana,* qoz. *jana,* uygʻ. *šei.*

-la, -le, -sar,- ser,- i, -xi affikslari nisbiy sifatlarni yasaydi: *virasla* "ruscha", *šavašla* "chuvashcha" va h.k. Hosil qilingan barcha sifatlar ravish oʻrnida ham qoʻllanishi mumkin.

Sifat yasalishi. Oʻzbek tilidasifat yasalishi affiksatsiya, soʻz qoʻshilishi va adyektivatsiya orqali amalga oshiriladi.

Oʻzbek tilidasifatlarning qoʻllanishi, maʼlum maʼnoda, cheklangan. Bunga sabab otning sifat vazifasida kelishidir: tat. *q'sh,* ʹ^*as* "qush uyasi (ini)", *telki mex* "tulki moʻynasi", *kümüš sağat* "kumush soat" kabi.

Yasama sifatlar soʻz yasovchi qoʻshimchalar yordamida hosil qilinadi. Masalan, tatar tilida *kyo*š soʻziga *-li* qoʻshimchasini qoʻshish orqali *kyošli* "kuchli" sifati yasaladi. "Janjal, urush" ma'nolarini anglatuvchi *suğš* so'ziga *-šan* qo'shimchasini qo'shish orqali *suğššan* "urishqoq", "janjalkash" sifati hosil qilinadi.

O'zbek tilidasifat yasovchi qo'shimchalar quyidagicha:

-lı, -li: qum. *tuzlu* "tuzli", no'g'.*qımli* "qumli", *tarlı* "astarli", qaraim. *qajğılı* "qayg'uli", turkm. *baqılı* "boqimli". Qozoq tilida *-tı* varianti qo'llanadi: *tasti* "toshli".

-q/-ğ, -ığ / -iğ,-g/-k. Bu affiks qadimgi turkiy til davrida keng tarqalgan: *ajığ* "yovuz", *jılığ* "iliq"; qoz.*suyıq* "sovuq", *beiik* "buyuk". Bu qo'shimcha tuva, xakas, shor tillarida saqlanib qolgan: tuv. *arığ* "toza", *čılığ* "iliq", *ızıg* "issiq", *sook* "sovuq", xak. *xatığ* "qattiq", *ajığ* "achchiq", *čılığ* "iliq", shor. *kadığ* "qattiq".

Uyg'ur va o'zbek tillarida so'z oxiridagi **ğ** tovushi **q** ga almashgan: *qattıq* "qattiq". Bu fonetik o'zgarish boshqa O'zbek tilidaham kuzatiladi: qirg'.*ısıq<ısığ* "issiq", ozarb. *jılıq < jılığ* "iliq".

-ğ fonemasining **q** ga oʻtishi qadimgi sifat shakllarida ham kuzatiladi: - *l*, - *lığ*, - *lık*, -*k*, -*dan;* xak. *xatğ* "qatiq"; tuv. *izğ* "issiq"; qirgʻ. *isq,* chuv. *časq* "issiq". Bu qadimgi shakllar Sibir tillarida koʻproq saqlangan.

Bir qator Oʻzbek tilidayasama sifatlar oxiridagi undosh tushib qoladi: noʻgʻ.*qatıq* "qattiq", turk. *katı* "qattiq", *sarı* "sariq" olt. *qatu,* tat. *esse* "issiq", *jılı* "issiq", qum. *ıssı* "issiq", *jılı* "iliq"; q.-qalp. *ıssı* "issiq";qoz. *sari* "sariq". Qaraim tilida oxiridagi **ğ** lablab **w** holatida saqlangan: *aruw* "toza" (*arığ* soʻzidan).

-*lığ* //-*lig* affiksi ham qadimgi turkiy tilda keng qoʻllangan: *adalığ* "xavfli", *azığlığ* "oziqli", *buzluğ* "muzli". Tuva, xakas, shor va tofalar (karagas) tillarida uchraydi: tuv. *dağlığ* "togʻli", *xarlığ* "qorli", xak. *čillığ* "shamolli", tofa. *mallığ* "molli", *quštug* "kuchli", *mistig* "shoxli". Uygʻur tilida mazkur qoʻshimcha tarkibidagi ğ tovushi **q** va **k** tovushlariga oʻtgan: qarliq "qorli", *tašliq* "toshli", *tağliq* "togʻli".

-*lığ* //-*lig* qoʻshimchasi qirgʻiz tilida -*lu,* -*li;* -*tu,* -*ti* koʻrinishiga oʻtgan: *taštu* "toshli", *toqoylu* "o'rmonli". Oltoy tilida *u* tovushining cho'ziqligi saqlangan: *qarlu* "qorli", *tu:lu* "tog'li".

-*čı* //-*či*: shor. *uruščų* "urushqoq", olt., shor. *qatqıčı* "kulgili".

2.2. SIFAT SO'Z TURKUMINI O'RGANISH METODIKASI

Sifatni o'rganish tizimi materialni leksik va grammatik tomondan izchillik bilan boyitib, murakkablashib boradi. O'quvchilar 1 va 2- sinfda sifatning leksik ma'nosini kuzatadilar, sifatga ganday?, qanaqa? so'rog'ini berishga o'rganadilar; 3-sinfda sifat so'z turkumi sifatida o'rganiladi; 4-sinfda ilgari o'rganilganlar takrorlanib, grammatik materialga bog'liq holda qip-qizil, yam-yashil kabi orttirma darajadagi sifatlarning yozilishi o'rgatiladi. Ona tili va o'qish darslarida o'quvchilar nutqi yangi-yangi sifatlar bilan boyitiladi, ularga oldindan ma'lum bo'lgan sifatlarning ma'nosiga aniqlik kiritiladi.

Sifatni o'rganish metodikasi uning lingvistik

xususiyatlariga asoslanadi. Sifat predmetning belgisi (rangi, hajmi, shakli va ko'rinishi, maza-ta'mi, xarakter-xususiyati, hidi, vazni, o'rin va paytga munosabati)ni bildiradi. Sifatning leksik ma'nosi uni ot bilan bog'liq holda o'rganishni talabqiladi. Sifatni tushunish uchun I sinfdanoq o'quvchilar e'tibori sifatning otga bog'lanishini aniqlashga qaratiladi. O'quvchilar predmetning belgisini aytadilar, ularda so'roq yordamida gapda so'zlarning bog'lanishini aniqlash ko'nikmasi o'stiriladi, ya'ni ular gapdagi sifat va otdan tuzilgan so'z birikmasini ajratadilar . Keyingi sinflarda bu bog'liqlik aniqlashtiriladi. Shunday qilib, sifatning semantik-grammatik xususiyatlari sifat ustida ishlashni leksik va grammatik (morfologik va sintaktik) ravishda olib borishni talab etadi.

Boshlang'ich sinflarda "Sifat" mavzusi quyidagi izchillikda o'rganiladi:

1) sifat bilan dastlabki tanishtirish (1-2- sinf):

2) sifat haqida tushuncha berish (3- sinf)

3) shu grammatik mavzu bilan bog'liq holda ayrim sifatlarning yozilishini o'zlashtirish (4- sinf).

Sifat bilan dastlabki tanishtirish (birinchi bosqich) sifatning leksik ma'nosi va so'roqlari ustida kuzatish o'tkazishdan boshlanadi. Predmetning belgilari xilma-xil bo'lib, uni rangi, mazasi, shakli, xil-xususiyatlari tomonidan tavsiflaydi. Shunday ekan, sifat tushunchasini shakllantirish uchun uning ma'nolarini aniqlash talab etiladi. O'qituvchi predmetni yoki uning rasmini ko'rsatadi. o'quvchilar uning belgilarini aytadilar va yozadilar. Masalan, (qanday?) olma qizil, shirin, yumaloq olma:(qanday?) ip-uzun, ko'k ip. Albatta, suhbat asosida o'quvchilar olma, ip so'zlari nima? so'rog'iga javob bo'lib, predmet nomini bildirishi, qizil, shirin, yumaloq kabi so'zlar qanday? so'rog'iga javob bo'lib, predmetning belgisi (rangi, mazasi, shakli)ni bildirishini aniqlaydilar. O'qituvchi atrofimizni o'rab olgan predmetlarning o'z belgilari borligini, ular bir-biridan shu belgilar bilan farqlanishini yana bir-ikki misol bilan tushuntiradi (Qanday daraxt? - Katta, chiroyli, sershox, ko'm-ko'k daraxt. Qanaqa shkaf?- Oynali, baland shkaf).

Xulosa chiqariladi: qanday?, qanaqa? so'roqlariga javob bo'lgan so'zlar predmet belgisini bildiradi. O'quvchilar belgi bildirgan bunday so'zlarning nutqimizdagi ahamiyatini anglashlari uchun sifat ko'p uchraydigan matn tanlanib, avval sifatlarini tushirib qoldirib, so'ngra sifatlari bilan o'qib beriladi va mazmuni taqqoslab ko'rsatiladi. Predmetni aniq tasvirlash uchun uning belgisini bildiradigan so'zlardan foydalanilgani tushuntiriladi. Bu darslarda ko'rgazma vositalar (predmetlar, predmet rasmlari, syujetli rasmlar)dan keng foydalaniladi.

O'quvchilar qanday?, qanaqa so'roqlariga javob bo'lgan (predmet belgisini bildirgan) so'zlarni o'zlashtirishlari uchun mashqning quyidagi turlari samarali hisoblanadi:

1) so'roq yordamida predmetning belgisini bildirgan so'zlarni tanlash;

2) aralash berilgan so'zlardan gap tuzish;

3) matndan kim? yoki nima? so'rog'iga javob bo'lgan so'zni va unga bog'langan qanday? va qanaqa so'rog'iga javob bo'lgan so'zni tanlab (so'z birikmasini topib) aytish va yozish;

4) tayanch so'zlar va rasm asosida gap yoki kichik hikoya tuzish. Ikkinchi bosqichda asosan ikki vazifa: "sifat" tushunchasini shakllantirish hamda o'quvchilarbnutqini yangi sifatlar bilan boyitib borish, fikrni aniq ifodalash uchun mazmunga mos sifatlardan nutqda o'rinli foydalanish ko'nikmasini o'stirish hal qilinadi. xususiyat bildiradigan so'zlar guruhlanadi va shu so'zlarning xususiyatlari umumlashtiriladi. Sifatning leksik ma'nosi bilan birga uning xarakterli grammatik xususiyatlari ham qayd etiladi.

Sifatlarning "Sifat" tushunchasini shakllantirish o'quvchilaming "predmet belgisi" degan umumlashtirilgan kategoriyani o'zlashtirish darajasiga bevosita bog'liq. Shu maqsadda rang, maza, shakl-hajm, xil- xususiyatlarini umumlashtirish asosida o'quvchilar uning so'z turkumi sifatidagi o'ziga xos ko'rsatkichlarini ajratadilar:

a) predmet belgisini bildiradi,

b) qanday? yoki qanaqa? so'rog'iga javob bo'ladi,

v) gapda otga bog'lanib, shu or bilan so'z birikmasi hosil qiladi, ikkinchi darajali bo'lak vazifasida keladi.

Bu sinfda og'zaki va yozma ijodiy ishlar (maktab bog'i yoki parkka ekskursiya vaqtida kuzatilgan daraxt, qushlar, hayvonlarni tasvirlab kichik hikoya tuzish kabilari)ga katta o'rin beriladi.

O'quvchilarning sifatning leksik ma'nosi haqidagi tushunchalarini chuqurlashtirish va predmetni har tomonlama tasvirlash malakasini o'stirish uchun:

1) berilgan predmetlarning rangi, mazasi, shakli, xususiyatini ifodalaydigan sifatlar tanlash va yozish: Qanday shaftoli? Shirin, suvli, tuksiz shaftoli.Qanday kitob? Qalin, qizil kitob;

2) berilgan belgilariga qarab qaysi hayvon ekanini aniqlash: Tikanli, kichkina, foydali (tipratikan). Ehtiyotkor, ayyor, yovvoyi (tulki):

3) predmetlarning belgisiga qarab topishmoqlarning javobini ayting kabi mashqlardan foydalanish mumkin. Sifatning nutqimizdagi, fikrni aniq va tushunarli ifolashdagi o'rnini puxta o'zlashtirishga erishish uchun ma'nodosh va zid ma'noli sifatlar ustida ishlash, o'qish darslarida sifatning o'z va ko'chma ma'noda ishlatilishini kuzatish maqsadga muvofiq. Sifatni o'rganish jarayonida so'z yasashga oidbmashqlarni muntazam o'tkazib borish o'quvchilarda u yoki bu so'z turkumini yasash uchun so'z yasovchi qo'shimchalardan ongli foydalanish malakasini shakllantiradi.

Uchinchi bosqichda sifat haqidagi bilimlarni takomillashtirish, og'zaki va yozma nutqda sifatlardan aniq, o'rinli foydalanish ko'nikmasini o'stirish bilan bog'liq holda -roq qo'shimchasi bilan qo'llangan sifatlarni va ko'm-ko'k, yam-yashil kabi sifatlarni to'g'ri yozish malakasi shakllantiriladi. Ish mazmuni shu vazifalarni bajarishga qarab belgilanadi va o'quvchilar nutqini o'stirishga qaratiladi. Nazariy ma'lumotlarga asoslanib: matnda berilgan otlarning belgilarini ifodalaydigan sifatlarni tanlab qo'yish, gapda sifat bog'langan otni (so'z birikmasini) aniqlab yozish; otga mos sifatlar tanlab predmetni tasvirlash, berilgan sifatlar yoki so'z birikmasi bilan gap tuzish kabi mashqlardan foydalaniladi. Mashq materialini tanlashda -roq qo'shimchasi bilan qo'llangan yaxshiroq, aqlliroq kabi, shuningdek, tip-tiniq, sap-sariq kabi sifatlar ko'proq bo'lishiga e'tibor beriladi. O'quvchilarning mustaqilligi osha borgan sayin, mashq topshiriqlari ham asta-sekin murakkablashtira boriladi. Shunday qilib, sifatni o'zlashtirishda uni ot bilan o'zaro bog'liq holda o'rganishga asoslaniladi.

Sifat yuzasidan o'quvchilar quyidagi bilim, ko'nikma va malakalarni egallashlari lozim: Bilim:

1. Sifat, sifatning ma'no turlari;

2. Qanday?, qanaqa? so'roqlariga javob bo'lishi;

3. Ikkinchi darajali bo'lak vazifasida kelishi;

4. Ohang yordamida bog'lanishi;

5. Shakldosh, ma'nodosh sifatlar.

Ko'nikma:

1. Sifatning ma'no turlarini farqlashi.

2. Sifatga qanday? so'rog'ini bera bilishi.

3. Gap va matn tarkibidan sifatni so'roqlari orqali aniqlay bilishi.

4. Sifatlarni belgi bildiruvchi boshqa so'zlardan farqlay bilishi.

5. Sifat bog'lanib kelgan so'z orqali unga so'roq bera olishi. Sifatning otga bog'lanib kelishini

bilishi.

6. Sifatning gapda ikkinchi darajali bo'lak vazifasida kelishini, uni to'lqinli chiziq orqali belgilay olishi.

7.Sifatlarni to'g'ri talaffuz qila olishi.

8. Sifatlardan og'zaki va yozma nutqda to'g'ri va o'rinli foydalana olishi.

9. Sifatlarga shakldosh so'zlar, ma'nodosh, qarama-qarshi ma'noli sifatlar topa olishi.

Malaka:

1. Sifatlarning ma'nosini izohlay olishi.

2. Sifatlarning talaffuzi va yozilishini izohlay olishi.

3. Imlo lug'atdan foydalana olishi.

4. Sifatlarni o'qilgan asar matnidan topa olishi

5. Berilgan sifat ishtirokida birikma va gap tuza olishi. olishi.

6. O'qiganlari, kuzatganlari va rasm asosida sifatlarni qatnashtirib kichik hikoyacha tuza olishi

7. Sifatlarni boshqa ma'nodosh sifatlar bilan almashtira bilishi.

2.3 SIFAT SO'Z TURKUMINI O'RGATISHDA SMART TEXNOLOGIYALARDAN FOYDALANISH

O'quv muammosi muammoli savollar bilan izchil rivojlantirib boriladi va bunda har bir savol uning hal qilinishida bir bosqich bo'lib xizmat qiladi. Muammoli o'qitishda o'qituvchi o'quvchilaming bilish faoliyatini tashkil etadi, shundagina o'quvchilar fanlarni tahlil qilish asosida mustaqil ravishda intellektual mashaqqatlarni hal qilish, xulosa chiqarish va umumlashtirish, qonuniyatlarni shakllantirish, qo'lga kiritilgan bilimlarni yangi vaziyatga tatbiq etishga intiladi. Muammoli o'qitish natijasida o'quvchilarda bilimlarga mustaqil erishish qobiliyati shakllanadi hamda mavzu bo'yicha turli g'oyalar topish, uni isbotlash orqali yangi aqliy harakat usullarini topish va bilimlarni bir muammodan boshqasiga ko'chirish ko'nikmasi hosil bo'ladi.O'quvchilarda diqqat va tasavvurlari rivojlanadi, o'quv materiallarini idrok qilish orqali ularning bilish faolligi oshadi. Boshlang'ich sinflarda sifat turkumini o'rganish tizimi o'quv materialini leksik va grammatik tomondan izchillik bilan boyitib, murakkablashtirib borishni ko'zda tutadi. O'quvchilar savod o'rgatish davridan boshlab, to 4-sinfga qadar belgi bildiruvchi so'zlarning — sifatning leksik va grammatik ma'nolarini boshlang'ich sinf ona tili dasturi hajmida o'rganadilar. Savod o'rgatish davrida belgi bildirgan so'zlarning ma'nolarini o'qituvchining "Mazasi qanday olma? Rangi qanday olma? Hajmi qanday olma?" kabi savollari asosida kuzatish orqali amaliy bilib boradilar.1-sinfda va 2-sinfda "Shaxs va narsaning belgisini bildirgan so'zlar" mavzusi o'rgatilayotganda o'quvchilar belgi bildirgan so'zlarni ma'nolariga ko'ra guruhlash ishlarini bajaradilar, ya'ni -ularni so'roqlar yordamida gap va matnda shaxs, narsa, harakat, miqdor bildirgan so'zlardan farqlash ko'nikmasini egallaydilar. Bunda o'qituvchi oldida turgan muhim vazifa o'quvchilarning narsa va shaxsning belgilari xilma-xil bo'lishini, ya'ni narsa rangi, mazasi, shakli, hidi, hajmi, xususiyatlariga ko'ra farqlanishini, bular narsa va shaxsning belgilari ekanini anglashlariga erishish, nutqda ulardan samarali foydalanish orqali o'quvchilar nutqini belgi bildirgan so'zlar bilan boyitish va nutqini o'stirishdir. Ayniqsa, o'quvchilarga narsa va shaxslarni belgilariga ko'ra tavsiflashga doir mashqlarga va bunga oid o'quv topshiriqlariga katta ahamiyat berish lozim. 3-4-sinflarda esa sifat atamasi bilan tanishtirilgach, mazkur atama bilan elementar nazariy ma'lumotlarga ega bo'ladilar. 3-4-sinfda o'quvchilarning sifatlarning o'ziga xos leksik-grammatik xususiyatlari haqidagi bilimlari va ko'nikmalariga asoslanib, og'zaki va yozma ijodiy ishlar —maktab bog'i yoki istirohat bog'iga sayohat uyushtirib, u yerda kuzatilgan daraxt, qushlar, hayvonlarni tasvirlab, kichik hikoya tuzish kabilarga alohida o'rin beriladi. Buni muvaffaqiyatli amalga oshirishuchun ona tili va o'qish darslarida ma'nodosh va zid ma'noli sifatlar, sifatning o'z va ko'chma ma'nolarda ishlatilishini kuzatishga, sifat yasashga doir leksik-semantik va grammatik mashqlarni tashkil etish maqsadga muvofiqdir. Ona tili va o'qish darslarida o'quvchilar nutqi yangi-yangi sifatlar bilan boyitiladi, ularga oldindan ma'lum bo'lgan sifatlarning ma'nosiga aniqlik kiritiladi. Sifatlar bolalar nutqini va tasavvurini boyitishga xizmat qiladi. Sifatlar narsa va hodisalarni aniq tasvirlash, ifodalash imkonini beradi. Bu imkoniyatdan foydalanib, ijodiy matn tuzishga o'rgatish o'quvchilarning fikrini aniqlashtiradi.

Sifatni o'rgatishda yana rangli rasmlardan foydalanish juda katta samara beradi. Rasm bolalar sezgisiga ta'sir etib, uning hayot tajribasida hali uchramagan tomonlarini ochadi, ularga tanish bo'lgan hodisalarni chuqur anglashga ham yordam beradi. Masalan, tabiat tasvirlangan rangli rasm o'quvchilar diqqatiga havola etilib, quyidagi:

1.Rasmda rassom qaysi ranglardan foydalangan? Daftaringizga ranglar deb ikki nuqta qo'ying va ranglarni ifodalovchi so'zlarni yozing.

2.Osmon qanday tasvirlangan? Uni tasvirlovchi so'zlarni "osmon" so'zi bilan birga qo'llab yozing.

3.Tog' qanday tasvirlangan? Uni tasvirlovchi

so'zlarni "tog" so'zi bilan birga qo'llab yozing.

4.Rasmda qaysi hayvonni ko'ryapsiz? Hayvonning sifatlarini uning nomi bilan birga yozing.

5.Daraxtlarni kuzating. Unda nimani sezyapsiz? Shamolning xususiyatiarini qaysi so'zlar bilan ifodalash mumkin? kabi topshiriqlar berilsa, bolalar ko'rsatilgan rasmlar asosida sifatlar to'plamini yaratadi. Masalan:

1-topshiriq asosida o'quvchilar quyidagi sifatlar to'plamini yaratishi mumkin. Ranglar: oppoq, ko'k, ko'm-ko'k, jigar rang, sariq, sap-sariq, qizg'ish, qora, yashil.

2-topshiriq asosida esa: tiniq osmon, bulutliosmon, ko'm-kok osmon, musaffo osmon, qora bulutli osmon, oq bulutli osmon, tinch osmon.

3-topshiriq: baland tog', qorli tog', archali tog', qoyali tog', qorsiz tog', cho'qqili tog'.

4-topshiriq: yirtqich ayiq, qo'ng'ir ayiq, beso'naqay ayiq, oq ayiq, beozor ayiq, masxaraboz ayiq va nihoyat.

5-topshiriq asosida: yoqimli shamol, sovuq shamol,

qattiq shamol, mayin shamol, iliq shamol, tonggi shamol, kechki shamol, tog' shamoli.

Bir so'z asosida bir necha sifatli birikmalar tuzdirish o'quvchilar so'z boyligining qay darajada ekanligini ko'rsatib beradi. Ular tuzgan birikmalar asosida "Sifat -so'z turkumi" tushuntiriladi: –Rasm asosida to'plagan rang bildiruvchi so'zlarni qanday so'zlar degan edik? –Osmon, tog', shamol, ayiq so'zlari qaysi turkumga kiradi? –Shu so'zlar orqali oldingi so'zlarga so'roq bering. Ular 1-2-sinflarda qanday so'zlar deb o'rganilgan? –Belgi bildirgan so'zlarni bir so'z bilan.–Belgi bildirgan so'zlarni bir so'z bilan nima deb nomlash mumkin? Bu savollar o'quvchilarni muammoli vaziyatga soladi va ularda muammoni hal qilishga qiziqish uyg'otadi va intilishni yuzaga keltiradi. Asosiysi, o'quvchilar mustaqil va amaliy izlanadilar. Til birliklarini o'zlari qidiradilar, topadilar va o'zlashtiradilar. Natijada, "Sifatlar nimaning belgisini bildiradi? Ular qaysi so'zlar bilan bog'lanib keladi?" kabi savollarga bemalol javob beradilar.Ular tushunchalarini yanada aniqiash maqsadida ta'limiy o'yinlar tashkil qilinadi.

O'quvchilar matn yaratishga bosqichma-bosqich: so'z ustida ishlash, gap va uning mantiqiy bog'lanishi ustida ishlash, og'zaki hikoya tuzish va uni yozma shakllantirish tarzida maxsus tayyorlab boriladi.

Shunday qilib, muammoli o'qitishning vazifasi o'quvchilar tomonidan bilimlarni puxta o'zlashtirish va aqliy hamda amaliy, mustaqil faoliyatlarini samarali bo'lishigahamkorlik qilish, ularda yangi vaziyatda olingan bilimlarni ijodiy qo'llash malakasini shakllantirishdan iborat.

3 - BO'LIM

SON SO'Z TURKUMINI O'RGANISH METODIKASI

3.1. SON SO'Z TURKUMI

Son (tilshunoslikda) — mustaqil so'z turkumlaridan biri; predmetning miqdorini, sanoq jihatdan tartibini bildiruvchi so'zlar guruhi. Son ham sifat va ravish kabi belgi tasavvurini bildiradi va shu jihatdan o'sha turkumlarga yaqin turadi. Sifat predmetning belgisini, ravish harakatning belgisini, son esa predmetning miqdori, sanog'i va tartibiga ko'ra belgisini bildiradi. Sonlar otlar bilan birga qo'llanib, bir necha predmetlarning yig'indisini, aniq miqdorini (beshta kitob) yoki noaniq, miqdorini (o'ntacha bola) ifodalaydi. Son harflar bilan ifodalanadi (bir, o'n, ellik) yoki arab va rim raqamlari bilan (3, 5, 10, V, IX, XX) ko'rsatiladi.

Otga bog'lanib, uning miqdorini, sanog'ini, tartibini; otga bog'lanmagan holda mavhum miqdor tushunchasining nomini bildirgan so'zlar turkumi *son*dir.

Sonlar harf bilan yoziladi (besh, yetti) yoki arab raqami (2, 7, 8) yoxud rim raqami (V, VII, XXI) bilan ko'rsatiladi. Son quyidagi xususiyatlarga ega:

1. Son boshqa so'z turkumidan yasalmaydi. Son yasovchi qo'shimchalar ham mavjud emas. Sonda so'z yasalish hodisasi yo'q.

2. Sonning ma'no turlari va modal shakllari maxsus affikslar qo'shish bilan hosil qilinadi: *üčtä, altav*.

3. Son turlovchi affikslarni qabul qilmaydi, sifatlovchi olmaydi, o'zi otning sifatlovchisi bo'lib keladi.

4. Son miqdor tushunchasining nomini anglatganda va otlashganda kelishik, egalik affikslarini qabul qiladi, ot bajargan vazifada keladi: *Sakkiz ikkiga teng bo'linadi.*

5. Son hisob so'zlari – numerativlar bilan ham qo'llanadi.

Sonlar ma'no va grammatik xususiyatlariga ko'ra, dastlab, ikki guruhga bo'linadi: 1) miqdor son;

2) tartib son.

Miqdor sonlar narsa-buyumni sanash, donalash, taqsimlash yoki taxminlab koʻrsatish uchun qoʻllanadi. Miqdor sonlar quyidagi xususiyatlari bilan tartib sonlardan farqlanadi:

– miqdor sonlar oʻziga xos morfologik koʻrsatkichlarga ega; tartib sonlar *-(i)nči /-(ı)nčı* qoʻshimchasi orqali yasaladi;

– miqdor sonlar hisob soʻzlari (numerativlar) bilan birga qoʻllanadi; tartib sonlar numerativlar bilan qoʻllanmaydi;

– miqdor sonlar juftlashib keladi, tartib sonlar juft holda kelmaydi;

– miqdor sonlar birikma holda *(üčdän bir)* ishlatiladi; tartib sonlar birikma holda qoʻllanmaydi;

– miqdor sonlar *-lar* affiksini olib, taxminiy miqdorni bildiradi, tartib sonlar, *-lar* affiksini olib otlashadi: *Birinčilärgä mukāfāt berilädi.*

Sonlar tuzilishiga koʻra ikki xil boʻladi: *sodda son* va *qošma son*.

Sodda sonlar bir oʻzakdan iborat boʻladi: *bir, beš,*

sakkiz. Qo'shma son ikki va undan ortiq sonlardan iborat bo'ladi: *on tört, on beš*. Aslida ikki o'zakdan tuzilgan *altmıš*(altı-mıš), *sakson* (sakkiz on), *toqson* (toqqız on) sonlari hozirgi kunda bir o'zak sifatida qaraladi.

Son so'z turkumiga doir so'zlar turkiy tillarda fin-ugor tillariga nisbatan ancha qadimiydir. Sonlarni hosil qilishda chuvash tilida undoshlar geminatsiyasi kuzatiladi: *ike yan* "ikki kishi", *ikke* "ikki".

Turkiy tillarda tartib sonlarning asosiy modellari oldindan orqaga qarab hosil qilinadi. Qadimgi turkiy til va uyg'ur tilida orqadan oldinga (13 -*üč yigirmi*), qirg'iz tili shevasida (39 - *bir kam qırq*) o'ziga xos ko'rinishlarda uchraydi.

Chuvash tilidagi sonlar ham boshqa turkiy tillardan farq qiladi.

Chuvash tilida sonlar to'rt guruhga ajratiladi: miqdor son, jamlovchi son, taqsim son hamda kasr son. Ba'zi miqdor sonlar ikki shaklga ega bo'ladi - to'la va qisqa. To'la shakl qisqa shakldan oxirgi bo'g'indagi undoshning cho'zilishi bilan farq qiladi, yozuvda esa ikkilamchi harf bilan belgilanadi. Agar miqdor sonlar sanalayotgan narsa-predmetning nomi bilan birga kelsa, qisqa shaklda qo'llanadi.

Jamlovchi sonlar miqdor sonlarning to'liq shakli, ya'ni III shaxsga tegishli bo'lgan qo'shimchalarni qo'shish bilan yasaladi. Ular berilgan miqdordagi narsa-predmet guruhini ajratib ko'rsatishda ishlatiladi. Masalan, *ikkete* "ulardan ikkitasi", *vissete* "ulardan uchtasi" va shu kabilar. Jamlovchi sonlarga qo'shiladigan *-te* qo'shimchasi berilgan sondagi barcha narsa-predmetlar guruhini bildiradi, masalan, *ikketete* "ikkala", *vissetete* "uchala" va h.k.

Taqsim yoki ajratish sonlari narsa-predmetning miqdorini ifodalab, har bir taqsimot qatnashchisining ulushini bildiradi. U miqdor sonlarning qisqa shakliga *-šer* va *-šar* affikslarini qo'shish orqali yuzaga keladi:- *ikter, višer.*

Chuvash tilida tartib sonlar miqdor sonlarning to'liq shakliga *-meš (-leš)-* affiksini qo'shish bilan hosil bo'ladi, masalan, *perremeš* "birinchi", *ikkeleš* "ikkinchi" va h.k.

Kasr sonlar chuvash tilida rivojlanmagan, ular miqdor sonlar yoki tartib sonlar orqali yoziladi, masalan, *sura* "yarim", *čerek* "chorak".

Hisob so'zlari (numerativlar). Hisob so'zlari narsa-buyumning aniq miqdorini ko'rsatmay, shu narsani hisoblashda uning qaysi guruhga oidligini aniqlash uchun ishlatiladi.

Hisob so'zlari, asosan, ot turkumidagi so'zlardan iborat bo'ladi: *dana, nusxa, tup, nafar, qısım*.

Qadimgi turkiy tilda faol ishlatilgan hisob so'zlari:*qadaq, jan, tanab, gaz, sarjin, batman, paysa, taxta, enlik, taš, pud, mahal (vaqt), yumalaq, yarmaq*va h.k. Bu numerativlardan ayrimlari hozirgi turkiy tillarda, bir qator o'zbek shevalarida ishlatiladi.

Turkiy tillarda keyingi davrlarda boshqa tillardan kirib kelgan hisob so'zlari qo'llanmoqda: *mehnat kuni, gektar, kubometr, kilovatt-soat, sotix, pachka, metr, kilo, minut, gradus, sentner, ekzemplyar* va h.k.

3.2. SON SO'Z TURKUMINI O'RGANISH METODIKASI

Boshlang'ich ta'limda son uch yo'nalishda o'rganiladi:

Sonlarning talaffuzi va ma'nosi ustida ishlash;

Sonning grammatik shakllari ustida ishlash;

Sonlarning imlosi ustida ishlash.

Sonning o'rganilishi quyidagi izchillikda amalga oshiriladi:

- 2-sinfda nechta?, qancha? So'roqlariga javob bo'lib, shaxs va narsaning sanog'ini, nechanchi? So'rog'iga javob bo'lib, shaxs va narsaning tartibini bildiradi;
- 3-sinfda "Son-so'z turkumi" tushunchasi kiritiladi.

O'quvchilarning son predmetining miqdorini bildirishini otga bog'lanib kelishi yordamida aniqlash ko'nikmasi o'stiriladi. Bularni o'rganishda sonning leksik xususiyatlariga asoslaniladi. Sonning leksik ma'nosi uni ot bilan bog'liq holda o'rganishni talab etadi;

- 4-sinfda sanoq va tartib sonlar, tartib sonlarning harf, rim va arab raqamlari bilan yozilishi, qo'sh undoshli sonlarning, grammatik shakllangan sonlarning (uchov, to'rttacha, ikkitadan) imlosi, sonlarning gramm, kilogramm, metr, litr, so'm, tiyin so'zlari bilan qo'llanishi va shu so'z bilan bitta so'roqqa javob bo'lishi o'rganiladi. Sonlarni otga bog'lanishi, so'roqlar yordamida sonni o'zi bog'langan so'z bilan ko'chirish ko'nikmalarini o'quvchilarda o'stiriladi. Dasturda berilgan talablar asosida son bilan o'quvchilar 1-sinfdan boshlansa ham, uni o'rganish jarayoni, metodik jihatdan 4 bosqichga ajratiladi. Boshlang'ich ta'limda sonni elementar nazariy bilimlar asosida amaliy o'rgatiladi. 1-sinfda 1- bosqichni to'liq amaliy deb nomlaymiz, O'z navbatida bu bosqich sonni o'rganish tizimining keyingi bosqichlariga tayyorlaydi.

2-sinfda o'quvchilar sonni o'rganishning ikkinchi

bosqichini quyidagi vazifalarda bajaradilar:

Nechta?, qancha? So'roqlariga javob bo'lib, shaxs va narsaning sanog'ini va nechanchi? So'rog'iga javob bo'lib, tartibini bildirgan so'zlar haqida elementar nazariy tushunchani shakllantirish;

O'quvchilarni sonlarga so'roq berish, nimani bildirishini ayta olish, sonlardan foydalanib, o'z fikrini aniq ifodalay olish, sonlarni mazmunga mosini o'rinli tanlab qo'llash ko'nikmasini o'stirish, lug'atlardan tog'ri foydalanish qobiliyatini shakllantirish.

Songa oid bu bilim va ko'nikmalarni mashqlar yordamida mustahkamlab boriladi. Shunga ko'ra sonlarni o'rganishning muayyan izchillikdagi mashqlar tizimini tashkil etish va qo'llash zarur:

Berilgan mashqlar soddadan murakkabga tamoyiliga asoslangan bo'lib, o'quvchilar mashqlarda qo'llanilgan sonlarning talaffuzi, imlosi va ma'nosi ustida ishlash orqali ko'nikmalarini shakllantiradilar. 3-sinfda son tushunchasini o'rganishning uchinchi bosqichi to'g'ri keladi. Bu bosqichda o'quvchilar nutqini yangi sonlar bilan boyitish, gap va matn mazmuniga mos sonlarni o'rinli tanlab qo'yish, fikrini aniq ifodalash ko'nikmalari shakllantiriladi, xususiyatlarini aniqlash va o'zlashtirish samarasi orttadi. O'quvchilar o'qituvchi topshirig'i asosida bu o'rinda turli mashq, topshiriqlar, didaktik o'yinlardan foydalanish, son tushunchasining sanoq va tartib bildirayotgan so'zlarni aniqlab, ularni guruhlaydilar, matnlardagi sonlarni topadilar, sonlarni gapning mazmuniga qarab to'g'ri qo'llaydilar va hokazo. Bundan tashqari bu bosqichda o'quvchilar og'zaki va yozma nutqlarini rivojlantirish maqsadida turli mavzularda ijodiy yozma ishlar o'tkazilib, o'quvchilarning sonlardan o'rinli va savodli foydalanishlari, shakldosh so'zlarni aniqlab, ma'nolarini izohlash o'rgatiladi. Demak, o'quvchilar bu bosqichda son so'z turkumining shaxs, narsalarning sanog'ini, tartibini bildirib, nechta?, qancha?, nechanchi? so'roqlariga javob bo'lishi; gapda otga bog'lanib kelishi va ikkinchi darajali bo'lak vazifasida kelishi kabi xususiyatlari bilan tanishadilar.

4-bosqichda eng asosiy e'tibor sonlarning imlosiga qaratiladi. Sonlarning har bir qismini alohida yozish, chiziqcha va chiziqchasiz bilan yozish, qo'shimcha qo'shilgandan so'ng son o'zagidagi o'zgarishlarni yozishda to'g'ri ifodalash, qo'sh undoshli sonlarning yozilishi, sonlarning gramm, kilogramm, metr, litr so'zlari bilan o'rgatiladi. Bu bosqichda mashqlar ham shu maqsadga qaratilib, sonlarni miqdor bildiruvchi so'zlar bilan almashtirish va farqini aniqlash. Harflar bilan berilgan sonlarni raqamlar bilan (arab, rim) ifodalash kabi topshiriqlardan foydalanilib, mashqlar asta-sekin murakkablashib boradi. mustahkamlash, diqqatni jalb qilish orqali o'z ustida ishlashga undash, o`zaro hurmatni turli usullar orqali o'quvchilarni ijodiy izlanishlari, fikr doiralari kengayadi. Xotirani mustahkamlashga erishish mumkin.

Har bir grammatik mavzu bir necha darsda o'rganiladi. Shuning o'ziyoq o'qituvchilardan har bir darsda o'rganiladigan grammatik material tabiatidan kelib chiqib metod, usul va ish turlarini belgilab olishni, muayyan darslikdan kelib chiqib, darsning texnologik xaritasini ishlab chiqishni taqozo etadi.

Yangi grammatik materialni o'rganish darsining qurilishi 2-sinfda "Sanoq va tartib bildirgan so'zlar" mavzusi misolida quyidagicha bo'lishi mumkin:

1. Yangi grammatik materialni o'zlashtirishni ta'minlash, o'quvchilarning

oldingi bilimlarini aniqlash.

Masalan, sanoq va tartib bildirgan so'zlarni o'rganish uchun "Biz qaysi so'zlarga so'roq berishni o'gandik?" (shakl va narsa, belgi bildirgan so'zlarga), "Kim?, nima? so'roqlari qaysi so'zlarga beriladi?". "Qanday?,

qanaqa? so'roqlari-chi?" kabi savollardan foydalanish mumkin.

Sinf xattaxtasiga "Tok ko'chati o'tqazilgandan keyin uchinchi yili hosilga kiradi" gapi yoziladi. O'quvchilar yuqoridagi savollar asosida narsa bildiruvchiso'zlarni belgilaydilar:

Nima? tok

Nima? ko'chat

Nima? hosil

Nima? yil

Bu savol-javob yangi materialni ongli o'zlashtirishga o'quvchini tayyorlaydi.

2. O'quvchilarga bajariladigan ishlarning maqsadi e'lon qilinadi:

Biz siz bilan gapdagi so'zlarga so'roq berishni va shu so'zning nimani bildirishini bilib oldik. Biz tahlil qilgan gaplarda ba'zi so'zlar qolib ketdi. Bu darsda biz shu so'zlarga so'roq berib, nimani bildirishini aniqlaymiz ("uchinchi" so'zining tagiga chizib ko'rsatiladi, qolgan so'zlarni ham keyin o'rganishlari aytiladi). 3. Yangi grammatik materialni tushuntirish. Yangi material tanlangan gaplarni grammatik tahlil qilish va xulosa chiqarish yo'li bilan tushuntiriladi.

Tushuntirish izchil olib boriladigan ikkita ishdan iborat:

a) matn (ichki) tahlili: agar mavzu keng tushuntirishni taqozo etmasa, birinchi misolni tahlil qilish bilanoq xulosa aytib qo'ya qolinadi. Sanoq va tartib bildirgan so'zlar xuddi shunga to'g'ri keladi. Keng va bir qancha muhim belgilarga ega bo'lgan grammatik material tushuntirilsa, unda bir nechta misol tahlil qilingach, xulosa chiqariladi (so'z o'zgartiruvchi qo'shimchalar, asosdosh so'zlar). Sinf xattaxtasidagi misol yoniga yana gaplar yoziladi: "Ekilgan tokdan yuz kilogrammgacha uzum hosili olinadi".

O'qituvchi: Birinchi gapda yil so'zi orqali uchinchi so'ziga so'roq bering (nechanchi yili?). "Uchinchi" so'zi qaysi so'roqqa javob bo'lyapti? (nechanchi?)

Yilning nimasini bildiryapti? Belgisini bildiryaptimi? (yo'q).

Bolalar javob berolmaydi. O'qituvchi sinf xattaxtasiga

quyidagi birikmalarni yozadi:

birinchi yili

uchinchi yili

ikkinchi yili

Tartib bo'yicha qaysi oldin turadi? 1) birinchi yili; 2) ikkinchi yili; 3) uchinchi yili) Ko'rdingizmi, 1-, 2-, 3-yilning, narsaning (predmetning) tartibini bildiryapti.

-Siz nechanchi sinfda o'qiysiz? (2-sinfda)

-Siz qaysi sinfdan keyin turasiz? (1-sinfdan)

Bu jarayonda stol ustiga predmetlarni qo'yib, ularning tartibini aniqlatish mumkin.

Bu so'zlar narsalarning tartibini bildirib, nechanchi? so'rog'iga javob bo'ladi, narsa, shaxs bildirgan so'zlarga bog'lanib keladi:

Strelka bilan ko'rsatiladi:

uchinchi yili

ikkinchi yili

Ikkinchi gap tahlili orqali sanoq bildirayotgan so'zning so'roqlari, u bog'lanib kelayotgan so'z aniqlanadi:

qancha? yuz kilogramm uzum

Yuz so'zi sanoq bildiryapti, kilogramm so'zi bilan birga qancha? so'rog'iga javob bo'lyapti, uzum so'ziga, yaoni narsa bildirgan so'zga bog'lanyapti.

b) xulosani shakllantirish: xulosa baozan o'quvchilar tomonidan, baozan o'qituvchi tomonidan shakllantiriladi. Uzoq muddatli tahlil va tushuntirishdan so'ng xulosani ko'pincha o'quvchilar shakllantiradi, yasaydi. Bu mavzuda o'qituvchi quyidagicha xulosa yasaydi: "Nechta?, qancha? so'rog'iga javob bo'lgan so'zlar sanoqni, nechanchi? so'rog'iga javob bo'lgan so'zlar tartibni bildiradi".

3.3. SON SO'Z TURKUMINI O'RGATISHDA SMART TEXNOLOGIYALARDAN FOYDALANISH

Son ustida ishlash dastur talabiga ko'ra 1-sinfdan boshlansa ham, uni o'rganish jarayoni, metodik jihatdan 4 bosqichga bo'linadi. Son boshlang'ich ta'limda elementar nazariy tushunchalar asosida amaliy o'rganiladi. Lekin 1-bosqichni to'liq ma'noda sonni amaliy o'rganish bosqichi deb nomlaymiz. Chunki bu bosqichda umuman nazariyasiz son ustida ishlanadi va bu 1-sinfning savod o'rgatish va 1-sinfning 2- yarmiga to'g'ri keladi. Boshlang'ich sinflarda Son so'z turkumini o'qitishda «Charxpalak», «Aqliy hujum», «Muammoli vaziyat», «Zig-Zag», «FSMU» metodlarini qo'llashni to'g'ri deb bildim. «FSMU» metodi asosida son tushunchasini to'g'ri shakllantirish ustida ishlash jarayoni 3-sinf o'quvchilariga mosligi bilan xarakterlidir.

Boshlang'ich ta'limda son uch yo'nalishda o'rganiladi:

1. Sonlarning talaffuzi va ma'nosi ustida ishlash.
2. Sonning grammatik shakllari ustida ishlash.
3. Sonlarning imlosi ustida ishlash.

Bu metodlar son yuzasidan beriladigan tushunchalarning mohiyatiga, o'quvchilarning tayyorgarlik darajasiga bog'liq holda tanlanishi ham muhimdir. Son so'z turkumining o'qitish jarayonidagi uch yo'nalish asosida har bir guruhga quyidagi muammo orqali mavzu bo'yicha fikrlari so'raladi. Birinchi guruhga Sonlarning talaffuzi va ma'nosi ustida ishlash qanday tartibda bo'lish kerakligi so'raladi. Ikkinchi guruhga Sonning grammatik shakllari ustida ishlash haqidagi fikrlari so'rab o'tiladi. Uchinchi guruhga esa Sonlarning imlosi ustida ishlash haqidagi fikrlari so'raladi. Har bir fikrlar o'qituvchi boshchiligida rag'batlantirib boriladi. Ikkinchi bosqichda shu metod bo'yicha sabab keltiriladi. Sabab jarayonida o'qituvchi kichik guruhlar uchun bir xil muammo taqdim qiladi. Kishilar bir-biri bilan muloqot qilganida soating nechchi bo'ldi? deb so'rashadi.

Sonning sanoq va tartib ma'nolarini bildirishini; Son nechta?, qancha?, nechanchi? so'roqlariga javob bo'lishini; Son otga bog'lanib kelishini; Son gapda ikkinchi darajali bo'lak vazifasida kelishini; Sonlarni imlo jihatdan to'g'ri yozishni; Og'zaki va yozma nutqda sonlardan to'g'ri va o'rinli foydalana olishni; Sonlarga shakldosh so'zlar topishni; Matndagi sonlarni boshqa miqdor bildiruvchi so'zlar bilan almashtirishni bilishga e'tibor qaratiladi. Umumlashtirish ba'zan o'quvchilar tomonidan, ba'zan o'qituvchi tomonidan shakllantiriladi. Uzoq muddatli tahlil va tushuntirishdan so'ng xulosani ko'pincha o'quvchilar shakllantiradi, yasaydi. Bu mavzuda o'qituvchi quyidagicha umumlashtiradi: «Nechta?, qancha? so'rog'iga javob bo'lgan so'zlar sanoqni, nechanchi? so'rog'iga javob bo'lgan so'zlar tartibni bildiradi».

4-BO'LIM

FE'L SO'Z TURKUMINI O'RGANISH METODIKASI

4.1. FE'L SO'Z TURKUMI

Fe'l harakat bildiruvchi so'zlar turkumi va shu turkumga oid har bir so'z. Grammatikada "harakat" so'zi keng tushunchali bo'lib, nafaqat harakatni, balki holat yoki hodisani ham bildiradi, mas: yugurmoq, sakramoq, yig'lamoq, uxlamoq, o'ylamoq, sevmoq, tinchimoq, qurimoq

Fe'llar lug'aviy ma'noga ega yoki ega emasligiga ko'ra 2 turga bo'linadi: mustaqil fe'llar, yordamchi fe'llar. Mustaqil fe'llar, xuddi boshqa mustaqil so'z turkumlariga oid so'zlar kabi, lug'aviy ma'noga ega bo'ladi, gapning mustaqil bo'lagi vazifasida kela oladi .Yordamchi fe'llar lug'aviy ma'noga ega bo'lmaydi. Ular turli yordamchi vazifalarda kelib, turli qo'shimcha ma'nolar ifodalash uchun xizmat qiladi.

Yordamchi fe'llar o'z vazifasiga ko'ra 3 asosiy turga bo'linadi:

1) fe'l yasash uchun xizmat qiluvchi yordamchi fe'llar: qil, et, ayla, bo'l (qabul qilmoq, taklif etmoq, tamom bo'lmoq kabi);

2) Fe'lning analitik shaklini yasash uchun xizmat qiluvchi yordamchi fe'llar (bular, odatda, "ko'makchi fe'llar" deb yuritiladi). Fe'lning bunday shakllari turli grammatik, modal va boshqa ma'nolarni ifodalaydi: o'qib bo'ldi, ko'rib qoldi, qo'rqib ketdi va boshqa;

3) bog'lama vazifasini bajaruvchi yordamchi fe'llar. Masalan, qil, bo'l: sportchi bo'lmoq, o'qituvchi bo'lmoq.

Fe'l ustida izchillik bo'limlar orasidagi bog'lanish, programma materialining hajmi, uni har bir sinfda o'rganish usullari va vositalari shu so'z turkumini o'rganish vazifasi, uning lingvistik xususiyatlari va kichik yoshdagi o'quvchilarning bilish imkoniyatlariga qarab belgilanadi. "Fe'l" mavzusini o'rganishda asosiy vazifalar: so'z turkumi sifatida fe'l haqida dastlabki tushunchani shaklantirish, o'quvchilar nutqini fe'llar bilan boyitish hamda og'zaki va yozma nutqda fe'idan to'g'ri foydalanish ko'nikmasini o'stirish, o'quvchilarning aqlly faoliyatini rivojlantirish, grammatik mavzu bilan bog'liq holda ayrim orfografik qoidalarni o'zlashtirish hisoblanadi. Bu vazifalar bir-biri bog'liq holda hal etiladi.

Hozirgi o'zbek tilida yordamchi fe'llardan farklanuvchi "to'liqsiz fe'l" (lug'aviy ma'nosini tamomila yo'qotgan, hozirgi o'zbek tilida ma'lum bir grammatik ma'no va vazifalarda qo'llanuvchi fe'l)ning edi, ekan, emish, esa shakllari ham qo'llanadi.

Fe'l turkumi, boshqa so'z turkumlari kabi, o'ziga xos so'z yasalishi va shakl yasalishi tizimiga ega (qarang So'z yasalishi, Shakl yasalishi). Yasama fe'llar -la, -lan, -lash, -lantir, -lashtir affikslari hamda qil, et (ayla) yordamchi fe'llari bilan hosil qilinadi: olqishlamoq, ruhlanmoq, birlashmoq, jabr qilmoq, ruxsat etmoq.

Fe'llar o'ziga xos murakkab grammatik kategoriyalar tizimiga ega. Xususiy ma'nolari bilan o'zaro farklanuvchi, bir umumiy ma'nosiga ko'ra birlashuvchi shakllar tizimi fe'lning grammatik kategoriyalarini hosil qiladi. O'zbek tilida fe'lning quyidagi grammatik kategoriyalari bor: nisbat kategoriyasi, bo'lishli-bo'lishsizlik kategoriyasi, mayl kategoriyasi, zamon kategoriyasi, shaxs-son kategoriyasi.

4.2. FE'L SO'Z TURKUMINI O'RGANISH METODIKASI

Fe'lning lingvistik xususiyatlari biroz murakkab, shuning uchun boshlang'ich sinf o'quvchilari faqat uning muhim nazariyalari bilan tanishtiriladi. Material tanlashda shu materialning nutq va imloga old vazifalarni hal qilishda qanchalik zarurligini hisobga olinadi.

Fe'lni o'rganishda izchillik. 1-sinfda fe'l usida ishlash o'rganish davrida boshlanadi. Bu davrida o'quvchilarning diqqati fe'lning leksik ma'nosiga qaratiladi; fe'l uchun tipik hisoblangan leksik-grammatik ma'noni, ya'ni predmetning harakatini bildirishni umumlashtirish imkonini beradigan aniq material yig'iladi. Fe'l ustida ishlash mashqlarini "Alifbe"dagi so'z va mashqlarni o'qish, rasmga qarab gay tuzish bilan bog'lab o'tkaziladi. Bunda o'qituvchi o'quvchilar gap tuzishda mazmunga mos fe'lni topishga, so'z nimani bildirishini va qanday so'roqqa javob bo'lishini aniqlashga yordam beradigan sharoit yaratadi. Masalan, bolalar kuzda meva va sabzavotlari, daraxtlari kuzatib yoki rasmlarni ko'rib, gapni mazmunga mos so'zlar bilan to'ldiradilar. Daraxt barglari nima qiladi?... (sarg'aya boshlaydi), bolalar nima qilayaptilar?.... (dam olayaptilar)... (o'ynayaptilar)... (ishlayaptilar).

Fe'lni o'rganishda maqsadga qaratilgan ishlar harakatni bildirgan so'zlar mavzusini o'rganishdan boshlanadi. (1-sinf, o'quv yilining 2-yarmi), fe'l leksik ma'nosi bilan grammatik ma'nosi (harakat bildirishi) mos keladigan (nima qilayapti?) yuguryapti, arralayapti, sakrayapti, (nima qildi?) yugurdi, arraladi, sayraydi, (nima qiladi?) yuguradi, arralaydi, sakraydi kabi misollardan foydalanish bilan o'quvchilar o'zlari bajargan harakatlarni aytishni so'rab, ular bergan javobni (fe'lni) so'roqlari bilan doskaga yozib, suhbat o'tkazish bilan tushuntiriladi. Bolalarni so'roq berish bilan holat bildiradigan uxlayapti, o'ynayapti, faxrlanadi kabi fe'llarning ham tanlashga o'rgatib borish muhim ahamiyatga ega. Bunday mashqlar o'quvchilarda predmet harakatini keng ma'noda tushunish ko'nikmasini shakllana borishiga yordam beradi.

Dastur o'quvchilarda so'zlarga so'roq berib, ularni bir-biridan farqlash ko'nikmasini shakllantirishni talab etadi. Buning uchun o'quvchi fe'lning har xil formalaridan foydalanib, maxsus mashqlar o'tkazadi. Nima? so'rog'iga javob bo'lgan so'z bilan nima qildi? (nima qilyapti? nima qiladi?) so'rog'iga javob bo'lgan so'zlar taqqoslanadi: nima? so'rog'iga javob bo'lgan so'zlar esa predmet bildirishi, nima qildi? so'rog'iga javob bo'lgan so'zlar esa predmet harakatini bildirishi aniqlanadi. Taqqoslash ot va fe'lni ajratishga o'rgatadi.

Ularning nutqda bir-biriga ta'sir etishini aniqlashga imkon beradi.

Fe'lga so'roq berishga o'rgatish yuzaki bo'lmasligi o'quvchilar harakat bir kishi tomonidan bajarilsa, nima qildi? Nima qilyapti? Nima qilmoqchi? so'roqlarini berishni bilishlari zarur. Bunday so'roqlarga javob berishga o'rgatish o'z navbatida, fe'l zamonlarini o'rgatishga tayyorlash demakdir.

1-sinfda morfologik so'roq so'z nimani bildirishini aniqlash maqsadida beriladi. O'quvchilami so'zga so'roq berishga, o'qituvchi bergan so'rog'iga javob bo'ladigan so'zlarni tanlashga so'zni so'roqda mos ravishda o'rgatishga (nima qildi? o'qidi, nima qilamiz? o'qiymiz, nima qilmoqchi? o'qimoqchi) kabi o'rgatiladi.

2-sinfda fe'ini o'rganish. 3-sinfda fe'lni o'rganishning asosiy vazifasi "fe'l so'z turkumi" degan tushunchani Bu bosqichning shakllantirish, bo'lishli va bo'lishsiz fe'llarning ma'nosi va shakliga qarab farqlash ko'nikmasini hosil qilish, bo'lishsizlik qo'shimchasining talaffuzi va imlosini o'rgatish hisoblanadi.

Fe'lning harakat bildirishi yuzasidan o'quvchilarda aniq tasavvur hosil qilish uchun o'qituvchilarda aniq tasavvur hosil qilish uchun o'qituvchi ularga shu darsdagi mehnat jarayonini tasvirlashni, ya'ni bolalarning o'zlari bajarayotgan ish- harakatni aytishni so'raydi, suhbat o'tkazadi. Suhbatda "O'qituvchi nima qildi? O'quvchilar nima qildilar? Hozir o'qituvchi nima qilayapti? O'quvchilar nima qilayaptilar? Endi o'quvchilar nima qiladilar? O'qituvchi nima qiladi?" kabi savollardan ham foydalanadi. Subbat jarayonida o'qituvchilar o'qituvchi rahbarligida fe'llarni so'rog'i bilan yozib beradilar. Masalan, nima qildi? So'zladi, tushuntirdi; nima qildilar? Tingladilar, yozdilar; nima qilayapti? Tushuntirayapti, so'rayapti, tinglayapti, nima qilayaptilar? Javob berayaptilar, yozayaptilar, tinglayaptilar; nima qiladi? Tekshiradi, ko'radi; nima qiladilar? Ishlaydilar, bajaradilar, yozadilar.

Suhbat va o'quvchilar aytgan gaplardan birini gap bo'lagi jihatdan tahlil qilish asosida xulosa chiqariladi: Nima qildi? Nima qilyapti? Nima qiladi? kabi so'roqlarga javob bo'lib, predmet harakatini bildirgan so'zlar fe'l deyiladi. Fe'l gapda kesim vazifasida keladi. Mavzu yuzasidan o'quvchilarda ko'nikma hosil qilish uchun so'roq berib fe'lni aniqlash, gap mazmuniga mos fe'lni tanlab qo'yish, aralash berilgan so'zlardan, shuningdek, rasmga qarab gap tuzish kabi mashqlardan foydalaniladi.

Dasturga ko'ra bu sinfda bo'lishli va bo'lishsiz fe'llar o'rganiladi. Mavzu suhbat asosida tushuntiriladi. Subbat o'qish darsida kimlar o'qidi? Rahim ham o'qidimi? Kim so'zladi? Ravshan so'zladimi? Ra'no kutubxonaga boradimi? Abdulla-chi? U qachon bormoqchi? Hozir kim tushuntirayapti? Hozir Halima gapirayaptimi? Savollaridan ham foydalaniladi. O'quvchilar so'roq berib fe'llarni topadilar, ma'nosini qiyoslaydilar va o'qituvchi rahbarligida tushuntiradilar. Xulosa chiqariladi: fe'l harakatning yuzaga chiqqanini, ya'ni bajarilganligini (o'qidi, so'zladi, hozir bajarilayotganini (tushuntirayapti), endi bajarilishini (boradi) bildiradi. Bu fe'llar bo'lishli fe'llar deyiladi. Ayrim fe'llar harakatning bajarilmaganligini (o'qimadi, so'zlamadi), hozir bajarilmayotganini (o'qimayapti), keyin ham bajarilmasligini (bormaydi) bildiradi. Bunday fe'llar bo'lishsiz fe'llar deyiladi.

O'quvchilar bo'lishli va bo'lishsiz fe'llarni so'roqlari bilan ikki ustun shaklida yozadilar va so'roqlarini bo'lishsiz fe'l qanday hosil bo'lganini aytadilar. O'quvchilar bilimli mashqlar bilan mutahkamlanadi, bo'lishsizlik qo'shimchasi - ma, -mi shaklida talaffuz qilinsa ham, doim aslicha ma, mi shaklida yozilishi tushuntiriladi. O'quvchilarda bo'lishli va bo'lishsiz fe'llarni ma'nolarga qarab farqlash ko'nikmasini o'stirish uchun bo'lishli fe'ldan bo'lishsiz fe'l hosil qilish, bo'lishsiz fe'llarning talaffuz va yozilishini qiyoslash, bo'lishsiz fe'llar bilan gaplar tuzish mashqlaridan foydalaniladi.

Fe'lga so'roq berishga o'rgatish og'zaki bo'lmasligi, o'quvchilar harakat bir kishi tomonidan bajarilsa, nima qildilar? Nima qiyaptilar? Nima qilmoqchilar? Kabi so'roqlarga javob berishga o'rgatish o'z navbatida fe'l zamonlarini o'rganishga tayyorlash demakdir.

1-sinfda morfologik so'roq so'z nimani bildirishini (o'rganishga tayyorlash demakdir) aniqlash maqsadida beriladi. O'quvchilarni so'zga so'roq berishga so'zlarni tanishga, so'zni so'roqqa mos ravishda o'zgartirishga (nima qildi?) (o'qidi). Nima qilamiz? O'qiymiz, nima qilmoqchi? O'qimoqchi kabi o'rgatiladi.

2- sinfda fe'lni o'rgatish. Bu boshqichning asosiy vazifasi "Fe'l – so'z turkumi" degan tushunchalarni shakllantirish, bo'lishli va bo'lishsiz fe'llarning ma'nosi va shakliga qarab faqlash ko'nikmasini hosil qilish, bo'lishsizlik qo'shimchasining talaffuzini va imlosini o'rgatish hisoblanadi

3- sinfda fe'lni o'rganish. Bu sinfda fe'lni o'rganishning vazifasi:

1) fe'lning shaxs-son qo'shimchalari bilan tuslanishi zamon qo'shimchasi bilan o'zgarishi haqida tushuncha berish va dastlabki ko'nikma hosil qilish, fe'lning leksik ma'nolari, bo'lishli yoki bo'lishsizligi, gapdagi vazifasi haqidagi bilimni chuqurlashtirish.

2) nutqda fe'ldan ongli foydalanish malakasini rivojlantirish . Shu maqsadda nutqda sinonim va antonim fe'llardan, matn bilan bog'liq holda o'z va ko'chma ma'noda ishlatilgan fe'llar bilan tanishtirib borishga qaratilgan mashqlardan foydalanish. 3) O'tgan zamon qo'shimchasining talaffuzi va yozilishi haqida ko'nikma hosil qilish. 4) Qo'shma fe'llar va ularning doim alohida yozilishi haqida tushuncha berish va dastlabki ko'nikma hosil qilish hisoblanadi. Bu mavzular o'quvchilarning savodxonligini oshirishga xizmat qiladi. Imloviy va nutqiy savodxon o'quvchilarning jamiyatda o'rin egallashi oson kechadi. Shuningdek, sifat, ot va son so'z turkumlarining o'tilishi ham bu samaradorlikni oshiradi

4-sinfda fe'lni o'rganish.

Bu sinfda fe'lni o'rganishning vazifasi:

1. Fe'lning shaxs-son qo'shimchalari bilan tuslanishi, zamon qo'shimchasi bilan o'zgarishi haqidagi tushunchani berish va dastlabki ko'nikma hosil qilish fe'lning leksik ma'nolari, bo'lishli va bo'lishsizligi, gapdagi vazifasi haqidagi bilimni chuqurlashtirish.

2. Nutqda fe'ldan ongli foydalanish masalasini rivojlantirish. Shu maqsadda nutqda sinonim va antonim fe'llarning man bilan bog'liq holda va ko'chma ma'noda ishlatilgan fe'llar bilan tanishtirib borishga qaratilgan mashqlardan foydalanish.

3. O'tgan zamon qo'shimchasining talaffuzi va yozilishi haqidagi ko'nikmani hosil qilish.

4. Qo'shma fe'llar va ularning doim alohida yozilishi haqidagi tushunchani berish va dastlabki ko'nikmani hosil qilish hisoblanadi.

Fe'l zamoni formasining mohiyati ish-harakat qachon bajarilishini, ya'ni ish-harakatning nutq so'zlanib turgan paytda, undan oldin va keyingi bajarilishini taqqoslash asosida ochiladi. O'quvchilar o'zlari bajargan yoki bajarayotgan harakatlarni kuzatadilar, shuningdek, keyin nima qilishlarini muhokama etadilar. Xuddi shunga o'xshash kuzatishni tabiatda bo'layotgan o'zgarishlar yuzasidan ham o'tkazadilar. Bu mavzu bahorda o'tiladi. Shuning uchun bolalar kuzatish asosida Bahor keldi. O'rik, olcha gulladi. Gullar ochilayapti. Endi gilos pishadi.

Bahordan so'ng yoz keldi. Yozda u lagerga bormoqchi kabi gaplar tuzadilar. Gapdagi fe'llarga so'roq berib, ish-harakatining bajarilishi payti, ya'ni ish- harakat bajarilayotganini (nima qilyapti? o'qiyapti, ochilyapti), oldin bajarilganini (nima qildi? o'qidi, keldi, gulladi) va keyin bajarilishi (nima qilmoqchi? Yodlamoqchi, bormoqchi) aniqlanadi. Aniq kuzatish asosida yig'ilgan bu leksik materiallar o'qituvchi rahbarligida umumlashtiriladi va xulosa chiqariladi.

1. Fe'llar zamon bilan o'zgaradi. Fe'l uch zamonni bildiradi: hozirgi zamon, o'tgan zamon, kelasi zamon

2. Hozirgi zamon fe'llari nima qilyapti? so'rog'iga javob bo'ladi, hozirning o'zida, ya'ni nutq so'zlanayotgan vaqtda bajarilayotgan harakatni bildiradi

3. O'tgan zamon fe'li nima qildi? so'rog'iga javob bo'ladi, harakatning oldin, ya'ni nutq so'zlanayotgan vaqtdan oldin bajarilganini bildiradi.

4. Kelasi zamon fe'li nima qilmoqchi? so'rog'iga javob bo'ladi, harakatning keyin, ya'ni nutq so'zlanayotgan vaqdan keyin bajarilishini bildiradi. boshlang'ich sinf o'quvchilar fe'l zamonlarini unga beriladigan so'roqdan bilib oladila. So'roqdan uning leksik ma'nosi ham bilinib turadi.

Fe'lning zamon formasini yasash va bilib olish uchun o'quvchilarni so'roqlardan to'g'ri foydalanishga o'rgatish ham muhim ahamiyatga ega. Bu maqsadga erishish uchun avval kollektiv ravishda ishlanadi va o'quvchilar e'ubori so'roq bilan fe'l zamonining t lining bog'lanishing aniqlashga qaratiladi. Zamon formasini hosil qilish uchun fe'lning ikkinchi shaxs-birlik formasi asos qilib olinadi (Boshlang'ich sinflarda fe'lning bosh formasi oʻrganilmaydi).

Fe'lga so'roq berish bilan fe'l zamoni hosil qilinadi.

Bir fe'ldan uch zamonni hosil qilib, ularni taqqoslash mashqi fe'lning zamon kategoriyasining mohiyatini tushunishga yordam beradi. Shuning uchun "Fe'l" mavzusini o'rganish jarayonida fe'lni zamon qo'shimchasi bilan o'zgartirish mashqi muntazam o'tkazib boriladi.

O'quvchilami fe'l zamonlarini ongli qo'llashga o'rgatish maqsadida matnlardan foydalaniladi. Bunda fe'l zamonini aniqlash va biror fe'l formasidan foydalanishni asoslash, shuningdek, fe'l zamonini o'zgartirish, fe'llari muayyan bir zamonda ishlatib hikoya topshiriladi.

Dasturga ko'ra, bu sinfda fe'llarda shaxs-son haqida tushuncha beriladi. O'quvchilarda o'zbek tilida 3 shaxs: so'zlovchi (1-shaxs), tinglovchi (2-shaxs), o'zga (3-shaxs) mavjudligi haqida dastlabki ko'nikma "Otlarning egalik qo'shimchalari bilan o'zgarishi" va "Kishilik olmoshlari" mavzulari o'rganilayotganda hosil qilingan. "Fe'llarda shaxs-son" mavzusi shu ko'nikmaga asoslangan holda tushuntiriladi.

Suhbat asosida kishilik olmoslari 3-shaxsni, birlik va ko'plikni blidirishi eslatilgach, o'quvchilarga men olmoshini qatnashtirib gap tuzish topshiriladi. Ular gap o'qituvchi rahbarligida tahlil qilinadi (Men kitobni O'quvchilar men 1-shaxs birlikda kishilik olmoshi ekanini aytadilar; o'qidim fe'lini so'z tarkibiga ko'ra tahlil qilib, o'qi-o'zak -di- o'tgan zamon qo'shimchasi, -m ham qo'shimcha ekanini aniqlaydilar.

Suhbat asosida xulosa chiqariladi: Fe'llar shaxs-son qo'shimchalari bilan tuslanadi. Shaxs-son qo'shimchalari zamon qo'shimchalaridan keyin qo'shiladi. Fe'llarda shaxs-son haqidagi ko'nikmant shakllantirish uchun mazmunga mos shaxs-son qo'shimchalarini qo'yish, berilgan fe'llarni hozirgi, o'tgan, kelasi zamonda shaxs-son qo'shimchasi bilan tuslash, fe'llarni so'z turkumi jihatdan tahlil qilish mashqlaridan foydalanadi.

Bu sinfda qo'shma fe'llar va ularning yozilishi haqida ham ko'nikma hosil qilinadi. Mavzuni tushuntirish uchun qo'shma fe'llar ko'proq bo'lgan matn tanlanib, matnni o'qish, so'roq berib fe'llarni topish, nechta so'zdan tuzilganini va qanday yozilganini aytish topshiriladi. O'quvchilar o'qituvchi rahbarligida vazifani bajaradılar. Suhbat yordamida xulosa chiqariladi: ba'zi fe'llar ikki va undan ortiq so'zdan tuziladi, bitta so'roqqa javob bo'ladi (nima qildi? ko'rib qoldi, olib chiqdi kabl). Bunday fe'llar qo'shma fe'llar deyiladi. Qo'shma fe'llar alohida yoziladi. Qo'shma fe'llar va ularning yozilishi haqidagi ko'nikmani shakllantirish uchun mandagi qo'shma fe'llari topish va yozilishini tushuntirish, berilgan fe'llardan qo'shma fe'llar yasash, qo'shma fe'llar bilan gap tuzish mashqlaridan Tayanch so'zlar: bo'lishli fe'l, bo'lishsiz fe'l, kesim, o'tgan zamon, qo'shma fe'l, kelasi zamon, shaxs-son qo'shimchasi tuslanish

Fe'l ustida ishlashda izchillik, bo'limlar orasidagi bog'lanish, dastur materialining hajmi, uni har bir sinfda o'rganish usullari va vositalari shu so'z turkumini o'rganish vazifasi, uning lingvistik xususiyatlari va kichik yoshdagi o'quvchilaming bilish imkoniyatlariga qarab belgilanadi. Fe'l mavzusini o'rganishda asosiy vazifalar: so'z turkumi sifatida fe'l haqida dastlabki tushunchani shakllantirish, o'quvchilar nutqini fe'llar bilan boyitish hamda og'zaki va yozma nutqda fe'ldan foydalanish ko'nikmasini o'stirish, o'quvchilaming aqliy faoliyatini rivojlantirish, grammatik mavzu bilan bog'liq holda ayrim imloviy qoidalarni o'zlashtirish hisoblanadi. Bu vazifalar bir-biri bilan bog'liq holda hal etiladi. O'quvchi so'zlarni ma'nosini tushunmasa ham nutqida qo'llay oladilar.

Fe'lning lingvistik xususiyatlari xiyla murakkab, shuning uchun boshlang'ich sinf o'quvchilari faqat uning muhim nazariyalari bilan tanishtiriladi. Material tanlashda shu materialning nutq va imloga oid vazifalarni hal qilishda qanchalik hisobga olinadi.

Fe'lni o'rganishda izchillik. 1-sinfda fe'l ustida ishlash. Fe'l ustida ishlashga tayyorgarlik savodga o'rgatish davrida boshlanadi. Bu davrda o'quvchilaming diqqati fe'lning leksik ma'nosiga qaratiladi; fe'l uchun tipik hisoblangan leksik ma'nosiga qaratiladi; fe'l uchun tipik hisoblangan leksik-grammatik ma'noni, ya'ni predmetning harakatini bildirishni umumlashtirish imkonini beradigan aniq material yig'iladi.

,,Alifbe"dagi so'z va mashqlarni o'qish, rasmga qarab gap tuzish bilan bog'lab o'tkaziladi. Bunda o'qituvchi o'quvchilar gap tuzishda mazmunga mos fe'lni topishga, so'z nimani bildirishini va qanday so'roqqa javob bo'lishini aniqlashga yordam beradigan sharoit yaratadi. Masalan, bolalar kuzda meva va sabzavotlarni,nkutubxonasidaraxtlami kuzatib yoki rasmlarni ko'rib, gapni mazmunga mos so'zlar bilan to'ldiradilar: Kuzda mevalar nima. qiladi?... (pishadi), sabzavotlar nima qiladi?... (yetiladi), daraxt baiglari nima qiladi?... (sarg'ayadi)." Harakatni ifodalovchi so'zlarga nima qildi? Nima qilyapti? nima qilmoqchi? kabi so'roqlarni beramiz. Masalan: nima qildi? - uchib keldi."

Bolalar nima qilyaptilar?... (dam olyaptilar)....(o'ynayaptilar). (ishlayaptilar).Fe'lni o'rganishda maqsadga qaratilgan ishlar harakatni bildirgan so'zlar mavzusini o'rganishdan boshlanadi (1-sinf, o'quv yilining 2-yarmi). Fe'l leksik ma'nosi bilan grammatik ma'nosi (harakat bildirishi) mos keladigan (nima qilyapti?) yugurayapti, arralayapti, sakrayapti, (nima qildi?) yugurdi, arraladi, sakradi, (nima qiladi?) yuguradi, arralaydi, sakraydi kabi misollardan foydalanish bilan, o'quvchilar o'zlari bajargan harakatlarni aytishni so'rab, ular bergan javobini (fe'lni) so'roqlari bilan xattaxtaga yozib, suhbat o'tkazish bilan tushuntiriladi. O'quvchilarni so'roq berish bilan holat bildiradigan uxlayapti, o'ynayapti, faxrlanadi kabi fe'llarni ham tanlashga o'rgatib borish muhim ahamiyatga ega. Bunday mashqlar o'quvchilarda predmet harakatini keng ma'noda tushunish ko'nikmasining shakllana borishiga yordam beradi.

1-sinfda morfologik so'roq so'z nimani bildirishini aniqlash maqsadida beriladi. O'quvchilarni so'zga so'roq berishga, o'qituvchi bergan so'rog'iga javob bo'ladigan so'zlarni tanlashga, so'zni so'rog'iga mos ravishda o'zgartirishga (nima qildi? qildi, nima qilamiz? - o'qiymiz, nima qilmoqchi?- o'qimoqchi kabi) o'rgatiladi. 2-3-sinflarda fe'lni o'rganish. Bu bosqichning asosiy vazifasi „Fe'l so'z turkumi" degan tushunchani shakllantirish, bo'lishli va bo'lishsiz fe'llarning ma'nosi va shakliga qarab farqlash ko'nikmasini hosil qilish, bo'lishsizlik qo'shimchasi (-ma)ning talaffuzi va imlosini o'rgatish hisoblanadi.

4.3. FE'L SO'Z TURKUMINI O'RGATISHDA SMART TEXNOLOGIYALARDAN FOYDALANISH

Fe'l ustida ishlashga tayyorgarlik savodga o'rgatish davrida boshlanadi. Bu davrda o'quvchilaming diqqati fe'lning leksik ma'nosiga qaratiladi; fe'l uchun tipik hisoblangan leksik ma'nosiga qaratiladi; fe'l uchun tipik hisoblangan leksik-grammatik ma'noni, ya'ni predmetning harakatini bildirishni umumlashtirish imkonini beradigan aniq material yig'iladi. Fe'l ustida ishlash mashqlarini,,Alifbe"dagi so'z va mashqlarni o'qish, rasmga qarab gap tuzish bilan bog'lab o'tkaziladi. Bunda o'qituvchi o'quvchilar gap tuzishda mazmunga mos fe'lni topishga, so'z nimani bildirishini va qanday so'roqqa javob bo'lishini aniqlashga yordam beradigan sharoit yaratadi. Masalan, bolalar kuzda meva va sabzavotlarni,nkutubxonasidaraxtlami kuzatib yoki rasmlarni ko'rib, gapni mazmunga mos so'zlar bilan to'ldiradilar:

1.Kuzda mevalar nima. qiladi?... (pishadi), sabzavotlar nima qiladi?... (yetiladi), daraxt baiglari nima qiladi?... (sarg'ayadi).

2.Harakatni ifodalovchi so'zlarga nima qildi? Nima qilyapti? nima qilmoqchi? kabi so'roqlarni beramiz. Masalan: nima qildi? – uchib keldi.

3. Bolalar nima qilyaptilar?... (dam olyaptilar),...(o'ynayaptilar),... (ishlayaptilar).Fe'lni o'rganishda maqsadga qaratilgan ishlar harakatni bildirgan so'zlar mavzusini o'rganishdan boshlanadi (1-sinf, o'quv yilining 2-yarmi). Fe'l leksik ma'nosi bilan grammatik ma'nosi (harakat bildirishi) mos keladigan (nima qilyapti?) yugurayapti, arralayapti, sakrayapti, (nima qildi?) yugurdi, arraladi, sakradi, (nima qiladi?) yuguradi, arralaydi, sakraydi kabi misollardan foydalanish bilan, o'quvchilar o'zlari bajargan harakatlarni aytishni so'rab, ular bergan javobini (fe'lni) so'roqlari bilan xattaxtaga yozib, suhbat o'tkazish bilan tushuntiriladi. O'quvchilarni so'roq berish bilan holat bildiradigan uxlayapti, o'ynayapti,

faxrlanadi kabi fe'llami ham tanlashga o'rgatib borish muhim ahamiyatga ega. Bunday mashqlar o'quvchilarda predmet harakatini keng ma'noda tushunish ko'nikmasining shakllana borishiga yordam beradi.

1-sinfda morfologik so'roq so'z nimani bildirishini aniqlash maqsadida beriladi. O'quvchilarni so'zga so'roq berishga, o'qituvchi bergan so'rog'iga javob bo'ladigan so'zlarni tanlashga, so'zni so'rog'iga mos ravishda o'zgartirishga (nima qildi? — qidi, nima qilamiz? ~ o'qiymiz, nima qilmoqchi? — o'qimoqchi kabi) o'rgatiladi. 2—3-sinflarda fe'lni o'rganish. Bu bosqichning asosiy vazifasi „Fe'l — so'z turkumi" degan tushunchani shakllantirish, bo'lishli va bo'lishsiz fe'llarning ma'nosi va shakliga qarab farqlash ko'nikmasini hosil qilish, bo'lishsizlik qo'shimchasi (-ma) ning talaffuzi va imlosini o'rgatish hisoblanadi

5-BO'LIM

OLMOSH SO'Z TURKUMINI O'RGANISH METODIKASI

5.1. Olmosh so'z turkumi haqida

Olmoshlar mustaqil so'z singari shaxs, narsa, belgi yoki qiymat tushunchasini bildirmay, ular o'rnida almashib keladigan, ularning mavjudligiga ishora qiladigan so'zlardir. Masalan: men-shaxsga, nima-narsaga, shu, bu, o'sha-belgiga, qancha, shuncha olmoshlari esa miqdorga ishora qilishi bilan o'zaro farqlanadi. Olmoshlar aniq ma'no bilan mavhum ma'noning almashinib qo'llanishini ta'minlaydigan so'zlardir. Ularning qanday ma'noda qo'llangani matnda ishtirok etuvchi til birliklarining munosabatiga qarab oydinlashadi. Masalan: Shunday o'lka doim bor bo'lsin, gapidagi shunday olmoshi narsa belgisini boshqasiga taqqoslab ko'rsatish uchun xizmat qilgan. Biroq, ba'zi olmoshlar, xususan, kim, men, sen, qanday olmoshlarini ot yoki sifat bilan almashtirib bo'lmaydi. Qayd etilganlardan ma'lum bo'ladiki, olmoshlar mustaqil so'zlarning doimiy muqobili sifatida nutqning ixchamligi, qisqaligini ta'minlashda muhim ahamiyatga ega boʻladi.

Ot, sifat, son, ravish oʻrnida qoʻllanib, ularga ishora qiluvchi va ularning vazifasini bajaruvchi soʻz turkumi **olmosh**dir. Olmoshlar narsani, uning belgisi va miqdorini anglatmaydi, balki ularni koʻrsatish, ularga ishora qilish uchun xizmat qiladi. Olmosh quyidagi xususiyatlarga ega:

1. Olmoshda yasalish yoʻq, ya'ni olmosh yasalmaydi. Ammo olmoshlardan sanoqli affikslar orqali ot, ravish, fe'l yasalishi mumkin: *kamlik, manmanlik, sensiramaq, mensimaq (mensimaslik), šunday.*

2. Olmoshlar otlarga xos soʻz oʻzgartiruvchilar bilan oʻzgaradi, ya'ni olmoshlar turlanadi. Olmoshlar kelishik affikslarini oladi va ular belgili qoʻllanadi.

3. Kilishik olmoshlari egalik affiksi(qoʻshimchasi)ni olmaydi.

Unisi, šunisi, qaysisi olmoshlari tarkibida ikkitadan egalik qoʻshimchasi mavjud. Bu hodisa affiksal pleonazm deyiladi.

4. Olmoshlar gapda bajargan vazifasiga ko'ra to'rt guruhga bo'linadi:

a) ot xarakteridagi olmoshlar (ot o'rnida qo'llanuvchi olmoshlar): *men, sen, biz, siz, ular, kim, nima, heč kim, heč nima, allakim, kimdir;*

b) sifat xarakteridagi olmoshlar: *qanday, qaysı, bu, šu, šunday, bäzi, butun, qanča, heč qanday, heč qaysı, allaqaysı, allaqanday;*

d) son xarakteridagi olmoshlar: *nečä, nečänči, qanča, šunča, ošanča;*

e) ravish xarakteridagi olmoshlar: *nega, qalay, qanı, heč qačan, qačan.*

Olmosh gapda ega, to'ldiruvchi, aniqlovchi vazifasida keladi. Kishilik olmoshlari hamda o'zlik olmoshlari kelishik qo'shimchalarini oladi. Kishilik va ko'rsatish olmoshlari juft holda ham keladi. Ko'rsatish, so'roq, o'zlik va belgilash olmoshlari takror holda ham qo'llanadi.

Ayrim turkiy tillardagi olmoshlar oltoy tillaridagi olmoshlarga mos keladi. Qadimgi turkiy tilda olmosh turlari, deyarli, farqlanmagan, ularning vazifasini ayrim fe'l shakllari, ko'makchilar, yuklamalar bajargan. Olmoshlarda maxsus so'z yasovchi qo'shimchalar yo'q. Qadimgi turkiy til materiallari olmoshlar egalik qo'shimchalari va fe'lning shaxs-son qo'shimchalari bilan genetik bog'liqligini tasdiqlaydi. Barcha turkiy tillarda olmoshlar yagona turlanish tizimiga ega. Ammo ayrim kishilik olmoshlari va turlangan ko'rsatish olmoshlari bilan tub o'zak ko'rinishida jiddiy farqlar kuzatiladi: chuv. *eps* "men", *mana* "menga", *val* "u", *ana* "unga" kabi. Chuvash tilidagi olmoshlar tizimi boshqa turkiy tillardan ancha farq qiladi.

Ma'lumki, olmoshlar kelib chiqishi, tarixiylik darajasi va ma'nosiga ko'ra turkiy tillarda ikki katta guruhga ajratiladi: olmoshlar (kishilik, ko'rsatish va so'roq olmoshlari), olmosh so'zlar (belgilash, bo'lishsizlik, gumon va jamlash olmoshlari). Bunday guruhlash kelishik qo'shimchalari bilan turlanishdagi o'ziga xoslikka asoslanadi.

Turkiy tillarda ko'rsatish olmoshlari kelishiklar bilan turlanganda turlicha fonetik o'zgarishlar kuzatiladi. Ko'pchilik turkologlar (A.N.Kononov, V.Bang, B. Serebrennikov va boshqalar) dastlabki qadimiy variantdagi ko'rsatish olmoshlarida **n** tovushi bo'lmaganligini ta'kidlaydilar. Ko'rsatish olmoshlarining fonologik tuzilishidagi o'zgarishlarning mohiyati til faktlarining areal tadqiqi orqaligina oydinlashtirilishi mumkin.

Barcha turkiy tillarda *bu, šu, u* olmoshlari vositali kelishiklar bilan qo'llanganda o'zakda bir **n** tovushi orttiriladi. Masalan, turk. *šunan* "šuning",turkm. *oya* "ona", *u – unga;,* tat. *ul- an'* "u-uni"; *annan* "undan"kabi.Bu xususiyat ham turkiy tillarda so'z o'zagidagi unlining qat'iy ekanligini ko'rsatadi.

Ayrim turkiy tillarda *te(e), tu* o'zagi asosida ko'rsatish olmoshlari yuzaga kelgan. *Ana u* olmoshi o'rniga qirg'. *te:*, turk. *deshu*, olt. *tu ol*, gag. *te* so'zlari qo'llanadi.

Turkiy tillarda so'roq olmoshlari fonetik variantlariga ko'ra bir-biriga yaqin bo'lsa-da, morfemik tuzilishi va ma'nolari jihatidan farq qiladi. Tarixiy taraqqiyot davomida boshqa so'zlar kabi so'roq olmoshlarida ham, asosan, unli tovush o'zgaradi.

Kim so'roq olmoshi O'rxun-Enasoy yodgorliklarida *kem,* qadimgi turkiy tilda *kim* ko'rinishida uchraydi. *Kem* shakli oltoy tilida saqlanib qolgan. Boshqa turkiy tillarda *kim* olmoshi unlining uzun-qisqa va qattiq-yumshoqligi bilan farqlanadi. Masalan, qirg'., turkm., qum., turk, ozarb., yoq. *kim*, tat., qoz., no'g'., uyg'., boshq. *gam* shaklida ishlatiladi. Chuvash tilida esa *kem* so'roq olmoshi qo'llanadi. Ushbu dalillar bobo tili davrida *kim* va *kem* shakllari mavjud bo'lganligini ko'rsatadi.

Nima so'roq olmoshi ko'pgina turkiy tillarda *ne* // *ni* ko'rinishida ishlatiladi. Masalan, ozarb. *ne*, qoz., qum., no'g'., turk. *ne*. Ayrim turkiy tillarda esa ikki bo'g'inli shaklda mavjud: turkm. *neme*, o'zb. *nima*, uyg'. *nime*, xak. *nime.* Bu olmosh o'zagidagi qaysi unli ilk davrga xosligini aniqlash qiyin. Ko'pchilik olimlar *e* unlisi dastlab mavjud bo'lib, keyinchalik *ye* ga aylanganligini ta'kidlaydilar. F.Is'hoqov ko'pgina turkiy tillarda *ne* olmoshi takrorlanib qo'llanishini ko'rsatadi: olt. *ne-me,* boshq. *ne~me,* uyg'. *ni~me* kabi. Uning fikricha, ayrim tillarda ikki olmosh negizning qo'shilganligini ham ko'rish mumkin. Masalan, qirg'. *emne - e(ne-m-me-ne//ememmene*; qoz. *nemene* va tat. *nerse - ne-ersa* so'zlari olmoshlar birikuvidan hosil bo'lgan.

    Narsa-hodisaning noma'lum belgisini ifodalovchi *qanday* so'roq olmoshi ham ikki so'zning, ya'ni *qan* va *tağ* asoslaribirikuvidan hosil bo'lganligi aytiladi. Bu olmosh qipchoq shevalarida *qanday*, oltoy tilida *qandoy,* yoqut tilida esa *xannok, qandoğ* shaklida qo'llanadi.

5.2. OLMOSH SO'Z TURKUMINI O'RGANISH METODIKASI

Olmosh so'z turkumini boshlang'ich sinf o'quv dasturi va darsliklarini tahlil qiladigan bo'lsak, bu so'z turkumi haqida boshqa so'z turkulariga nisbatan kamroq ma'lumotlar keltirilganini ko'rishimiz mumkin. Olmosh so'z turkumi haqida boshlang'ich sinfning 4-sinfida ma'lumotlar beriladi. 4-sinfda yuqorida berilgan olmoshlarning ma'no turlaridan faqat kishilik olmoshlari o'rgatiladi. O'quv dasturi bo'yicha kishilik olmoshlari uchun 13 soat ajratilgan. Bunda olmosh so'z turkumiga to'g'ridan to'g'ri ta'rif berilmaydi. Bad'ly asarlardan yoki o'quvchilarning o'zlari tomonidan tuzilgan misollar orqali tushuntiriladi. Chunki o'quvchilar shu darslargacha kishilik olmoshlarini nutqlarida keng qo'llab keladilar. Kishilik olmoshlarini o'rgatish jarayonida o'quvchilarda quyidagi bilim va ko'nikmalar hosil qilinadi:

men, sen, u, biz, siz, ular kishilik olmoshlari kim? kimlar? so'rog'iga javobbo'ladi:

-kishilik olmoshlari so'z turkumi;

- kishilik olmoshlari 3 ta shaxsni birlik va ko'plikda ifodalaydi; ular kelishiklar bilan turlanadi; -ni, -ning qo'shimchalari men, sen olmoshlariga qo'shilganda o'zakdagi n tushib qoladi; u olmoshiga -ga, -da, dan qo'shimchalari qo'shilsa, bir n tovushi orttiriladi kabi bilimlar beriladi; - olmoshlami nutqda to'g'ri va o'rinli qo'llash, ularni kelishikli holatda to'g'ri yozish, so'roqlar yordamida aniqlash va farqlash ko'nikmalari hosil qilinadi. 4-sinfda kishilik olmoshlari quyidagi mavzularga bo'lib o'rganiladi:

1.Kishilik olmoshlari

Kishilik olmoshlarining kelishik qo'shimchalari bilan qo'llanilishi; Ushbu mavzularni o'rganish jarayonida turli xil metodlardan foydalanish mumkin. Masalan, suhbat, yarim izlanishli muammoli metod, induktiv metodlari shular jumlasidandir. Bulardan tashqari ushbu mavzuni tushuntirishda ko'rgazmalilikdan va boshlang'ich sinf o'quvchilari uchun ishlab chiqilgan multimediali ilovalardan foydalanish ham yaxshi samara beradi. Biz ham quyida kishilik olmoshlariga taalluqli bo'lgan mavzularni tushuntirishda qo'llanilishi mumkin bo'lgan bir necha usullarni keltirib o'tamiz.

Bulardan birinchisi ko'rgazmalilik usulidir. Bunda o'quvchilarga bir necha rasmlar ko'rsatiladi va ular bilan birgalikda kishilik olmoshlari yozilgan so'zlar ham xattaxtaga ilib qo'yiladi. O'quvchilar esa rasmlarga mos kishilik olmoshlarini ko'rsatishlari lozim bo'ladi.

Kishilik olmoshlari mavzularini o'quvchilarga tushuntirishda darslikda ham turli xil mashqlardan foydalaniladi. Bu mashqlar ham samarali hisoblanadi. Darslikdan tashqari quyidagi mashqlarni ham kishilik olmoshlari mavzusini tushuntirishda foydalanish mumkin.

5.3. OLMOSH SO'Z TURKUMINI O'RGATISHDA SMART TEXNOLOGIYALARDAN FOYDALANISH

So'z turkumlarini o'rganish mavzulari boshlang'ich sinf o'quvchilarining nutqini o'stirishda alohida ahamiyatga egadir. Chunki bu mavzular orqali o'quvchilarning so'z boyligi ortadi. Boshlang'ich sinfda so'z turkumlaridan ot, sifat, son, fe'l va olmoshlar nazariy va amaliy tarzda o'rgatiladi. Olmosh so'z turkumi ham ona tili nazariyasida alohida ahamiyatga ega mavzulardan biridir. Gap ichida ot, sifat, son, ravish, ba'zan so'z birikmasi va gap o'rnida qo'llana oladigan, aniq lug'aviy ma'noga ega bo'lmagan so'z turkumi olmosh deb ataladi. 3 Olmoshlar ko'pincha boshqa so'z turkumlari o'rnida qo'llaniladi. Bu esa nutqdagi takrorlarning oldini olishga yordam beradi. Yuqorida ta'rif keltirilgan adabiyotda olmoshlarning jami yettita ma'no turi keltirilgan:

1) kishilik olmoshlari

2) o'zlik olmoshi

3) ko'rsatish olmoshlari

4) so'roq olmoshlari

5) belgilash olmoshlari

6) bo'lishsizlik olmoshlari

7) gumon olmoshlari

Olmosh so'z turkumini boshlang'ich sinf o'quv dasturi va darsliklarini tahlil qiladigan bo'lsak, bu so'z turkumi haqida boshqa so'z turkulariga nisbatan kamroq ma'lumotlar keltirilganini ko'rishimiz mumkin. Olmosh so'z turkumi haqida boshlang'ich sinfning 4-sinfida ma'lumotlar beriladi. 4-sinfda yuqorida berilgan olmoshlarning ma'no turlaridan faqat kishilik olmoshlari o'rgatiladi. O'quv dasturi bo'yicha kishilik olmoshlari uchun 13 soat ajratilgan. Bunda olmosh so'z turkumiga to'g'ridan to'g'ri ta'rif berilmaydi. Badiiy asarlardan yoki o'quvchilarning o'zlari tomonidan tuzilgan misollar orqali tushuntiriladi. Chunki o'quvchilar shu darslargacha kishilik olmoshlarini nutqlarida keng qo'llab keladilar. Kishilik olmoshlarini o'rgatish jarayonida o'quvchilarda quyidagi bilim va ko'nikmalar hosil qilinadi: – men, sen, u, biz, siz, ular kishilik olmoshlari kim? kimlar? so'rog'iga javob bo'ladi; – kishilik olmoshlari so'z turkumi; – kishilik olmoshlari 3 ta shaxsni birlik va ko'plikda ifodalaydi; – ular kelishiklar bilan turlanadi; -ni, -ning qo'shimchalari men, sen olmoshlariga qo'shilganda o'zakdagi n tushib qoladi; u olmoshiga -ga, -da, -dan qo'shimchalari qo'shilsa, bir n tovushi orttiriladi kabi bilimlar beriladi; – olmoshlami nutqda to'g'ri va o'rinli qo'llash, ularni kelishikli holatda to'g'ri yozish, so'roqlar yordamida aniqlash va farqlash ko'nikmalari hosil qilinadi.4 4-sinfda kishilik olmoshlari quyidagi mavzularga bo'lib o'rganiladi:

-Kishilik olmoshlari; -Kishilik olmoshlarining kelishik qo'shimchalari bilan qo'llanilishi; Ushbu mavzularni o'rganish jarayonida turli xil metodlardan foydalanish mumkin. Masalan, suhbat, yarim izlanishli muammoli metod, induktiv metodlari shular jumlasidandir. Bulardan tashqari ushbu mavzuni tushuntirishda ko'rgazmalilikdan va boshlang'ich sinf o'quvchilari uchun ishlab chiqilgan multimediali ilovalardan foydalanish ham yaxshi samara beradi. Biz ham quyida kishilik olmoshlariga taalluqli bo'lgan mavzularni tushuntirishda qo'llanilishi mumkin bo'lgan bir necha usullarni keltirib o'tamiz. Bulardan birinchisi ko'rgazmalilik usulidir. Bunda o'quvchilarga bir necha rasmlar ko'rsatiladi va ular bilan birgalikda kishilik olmoshlari yozilgan so'zlar ham xattaxtaga ilib qo'yiladi. O'quvchilar esa rasmlarga mos kishilik olmoshlarini ko'rsatishlari lozim bo'ladi. Kishilik olmoshlari mavzularini o'quvchilarga tushuntirishda darslikda ham turli xil mashqlardan foydalaniladi. Bu mashqlar ham samarali hisoblanadi. Darslikdan tashqari quyidagi mashqlarni ham kishilik olmoshlari mavzusini tushuntirishda foydalanish mumkin.

1) Bunda o'quvchilar qaysi kishilik olmoshlari qaysi shaxsga tegishli ekanligini tushuntirishda quyidagi "Moslashtiring" nomli jadvaldan foydalanish mumkin.

2) Ma'lumki, olmoshlar kelishik qo'shimchalari bilan

qo'llanganida ba'zi kishilik olmoshlari tovush o'zgarishlariga uchraydi. O'quvchilarga esa bu imloda xatoliklarga yo'l qo'yishlariga olib kelishi mumkin. Bunday xatolarning oldini olish maqsadida quyidagi mashq turidan foydalanish mumkin.

Xulosa

Mamlakatimizda ijtimoiy sohadagi o'zgarishlar va intellektual salohiyatning oshib borishi zamonaviy bilimlarning egallanishiga turtki bo'ladi. Ta'lim-tarbiya sohasidagi innovasion o'zgarishlar va ularni zamonamizning yangi ilg'or talablariga javob beradigan darajaga olib chiqish muhim vazifa va maqsadlardan biribir. Bu borada "Kadrlar tayyorlash milliy dasturi" ning qabul qilinishi va to'plangan tajribani tahlil qilish, umumlashtirish asosida mamlakatimizni ijtimoiy-iqtisodiy rivojlantirishda zamonaviy axborot texnalogiyalaridan foydalanishga e'tibor qaratilmoqda. Prezidentimiz Sh.Mirziyoyev tashabbusi bilan jamiyatning barcha jabhalari, xususan, ta'lim tizimida zamonaviy axborot texnalogiyalaridan keng foydalanishni yo'lga qo'yishga qaratilayotgan e'tibor samarasi o'laroq, bugun jamiyatning barcha sohalari va xalqimiz turmush tarziga kompyuter texnalogiyalari chuqur kirib borayapti. Jamiyat hayotiga kompyuterning keng miqiyosda kirib kelishi fuqarolarga axborot olishga bo'lgan imkoniyatlar eshigini ochib berdi. Tobora shakllanib borayotgan kompyuter texnologiya axborotni yetkazish va qabul qilishda yangi munosabatlarni vujudga keltiradi, fikrlashning yangi turini hosil qiladi. Ta'lim-tarbiya jarayonida qo'llaniladigan axborot vositalaridan texnikalar alohida ahamiyatga egadir. Texnika "Inson-kompyuter" interaktiv (dialogik) muloqotning yangi takomillashgan pog'onasi bo'lib, bunda foydalanuvchi juda keng va har taraflama axborot oladi. Texnika vositalari asosida o'quvchilarga ta'lim va tarbiya berish hozirgi kunning dolzarb masalasidandir. Texnika vositalari uning mazmun-mohiyati, kichik maktab yoshidagi o'quvchilar bilan olib boriladigan dars undan foydalanish metodikasi, multimediali didaktik o'yinlardan foydalanish usullari , tavsiyalar, amaliy ma'lumotlar muhimdir. Mazkur texnika vositalaridan foydalanish, o'sib kelayotgan yosh avlodni intellektual salohiyatli hamda faol shaxs qilib tarbiyalash uchun zamin yaratish, ijtimoiy, iqtisodiy, ma'naviy, aqliy, axloqiy xislatlarini shakllantirishga ko'maklashishdir.

Hozirgi o'zbek tilshunosligida grammatik kategoriyalar o'rganilish bo'yicha ham har xil fikrlar mavjud. An'anaviy tilshunoslikda har bir so'z turkumining grammatik kategoriyalari o'z doirasida o'rganilib kelingan bo'lsa-da, keyingi paytlarda so'z o'zgartiruvchi vositalar otlardagi kelishik va fe'llardagi shaxs-son qo'shimchalari so'zlarning sintaktik aloqasiga xizmat qiluvchi aloqa-munosabat shakllari deb nomlanib, so'z turkumlaridan tashqarida o'rganilmoqda. Bizningcha, har bir kategoriyaning o'z so'z turkumi doirasida berilshi ma'qul. Chunki har so'z turkumining kategoriyasi o'z so'z turkumi doirasida o'rganilmasligi so'z turkumlarining xususiyatlarini bir butun holda tushunmasligiga va so'z turkumlarini tahlil qilishda qiyinchilik hosil qilishga sabab bo'ladi. Shuning uchun, grammatik kategoriyalarga shakl hosil qiluvchilar va so'z o'zgartiruvchilarga bo'lingan holda har kategoriyani o'z doirasida o'rganilishi ma'qul.

So'z turkumlari masalasi, garcha butun dunyoda, jumladan, O'zbekistonda ham ko'plab tadqiqotlarda ob'ekt qilib olingan bo'lsa-da, hammaga bir xil darajada manzur bo'ladigan holatda o'rganilmagan. So'z turkumlari bilan bog'liq material, ma'lumot lug'atlardan olinmasligi kerak. Chunki ular lug'atlarga qayta ishlanib kiritilgan bo'ladi. Bizning ushbu ishimizda matndagi barcha so'z va ularning turli grammatik qoidalari qulaylicha tahlil qilishinishi mumkin.Tadqiqot jarayonida shunday fikrlar keltirishimiz mumkinki, yuqoridagi kabi mashq turlari o'quvchilarning mavzular yuzasidan egallagan bilimlari mustahkamlanishiga xizmat qiladi. Bundan tashqari o'quvchilarda ziyraklik, topqirlik kabi sifatlarning rivojlanishiga zamin yaratadi.

Foydalanilgan adabiyotlar ro'yxati:

1. https://sciencebox.uz/index.php/jars/article/view/5410/4889
2. https://abiturtest.uz/mavzular/ot-soz-turkumini-organsh-metodikasi/
3. Abdurahmonova N., O'rinboyeva L. Ona tili / O'qituvchilar uchun metodik qo'llanma /2-sinflar uchun. - Toshkent: "Ehtremum-press", 2014. - 80 b.
4. Masharipova U., Umarova M., Boynazarova D., Nabiyeva M. Ona tili / O'qituvchilar uchun metodik qo'llanma / 4-sinflar uchun - Toshkent: "Ehtremum-press", 2017 - 88 h. Tafakkur, 2011. 160 b.
5. Tal'at G'afforova. Boshlang'ich ta'limda zamonaviy pedagogik tehnologiyalar. - Toshkent:
6. https://cyberleninka.ru/article/n/fe-lni-o-rganish-metodikasi/viewer
7. https://arxiv.uz/uz/documents/referatlar/tilshunoslik/fe-lni-o-rganish-metodikasi
8. K. Qosimova, S.M atchonov, X. G'ulom ova, Sh. Yo'ldosheva, Sh. Sariyev. Ona tili o'qitish metodikasi -T.: «NOSHIR», - 2009, 314 b.
9. Tal'at G'afforova. "Boshlang'ich ta'limda zamonaviy pedagogik texnologiyalar". Boshlang'ich ta'lim o'qituvchilari hamda boshlang'ich ta'lim va sport tarbiyaviy ish yo'nalishi talabalari uchun o'quv qo'llanma. "Tafakkur" nashriyoti. Toshkent-2011. 10. Hamrayev M. "Ona tili" "Sharq" nashriyot-matbaa AK. Toshkent. 2012-yil.
11. Qosimova K. va boshqalar. "Ona tili o'qitish metodikasi" Boshlang'ich ta'lim fakultetlari talabalari uchun darslik. "Nosir" nashriyoti. Toshkent-2009.
12. G'ulomova X. va boshqalar. "Ona tili" Umumiy o'rta ta'limning 4-sinfi uchun darslik. "O'qituvchi" nashriyot-matbaa uyi. Toshkent-2020.

Mundarija:

1. Kirish
2. Ot so'z turkumini o'rganish metodikasi
3. Ot so'z turkumini o'rgatishda smart texnologiyalardan foydalanish
4. Sifat so'z turkumi o'rganish metodikasi
5. Sifat so'z turkumini o'rgatishda smart texnologiyalardan foydalanish
6. Son so'z turkumini o'rganish metodikasi
7. Son so'z turkumini o'rgatishda smart texnologiyalardan foydalanish
8. Fe'l so'z turkumini o'rganish metodikasi
9. Fe'l so'z turkumi o'rgatishda smart texnologiyalardan foydalanish
10. Olmosh so'z turkumini o'rganish metodikasi
11. Olmosh so'z turkumini o'rgatishda smart texnologiyalardan foydalanish
12. Xulosa

www.ingramcontent.com/pod-product-compliance
Lightning Source LLC
LaVergne TN
LVHW010226070526
838199LV00062B/4743